Christian Rittelmeyer

Rudolf Steiners Mission und Wirkung

Christian Rittelmeyer

Rudolf Steiners Mission und Wirkung

Exkursionen in eine fremdartige Bildungslandschaft

Christian Rittelmeyer
Rudolf Steiners Mission und Wirkung
Exkursionen in eine fremdartige Bildungslandschaft
(Reihe Kontext Bd. 19)

ISBN 978-3-95779-183-2

Erste Auflage 2023

Lektorat: Dr. Jens Heisterkamp, Frankfurt am Main
Umschlag: Frank Schubert, Frankfurt am Main
Satz: Ulrich Schmid, de·te·pe, Aalen
Druck: CPI books, Leck

Inhalt

I. Warum und wozu dieses Buch?

Mehr als zehn Jahre hindurch war ich als Elternvertreter im Vorstand der selbstverwalteten Waldorfschule Göttingen tätig. Das liegt nun einige Jahrzehnte zurück, aber diese Zeit gehört zu den besonders interessanten, anregenden und auch horizonterweiternden in meiner Biographie. Weitere Vorstandsmitglieder waren unter anderem Kollegen aus den naturwissenschaftlichen Fakultäten der Universität und aus einem Max-Planck-Forschungsinstitut in Göttingen. Unsere je besonderen Zugänge zur anthroposophischen Grundlegung der Schulpädagogik und unsere Lektüre verschiedener Schriften Steiners waren wohlwollende Ausflüge in ein fremdes Land, durchaus blickerweiternd und neue Perspektiven auf die Welt eröffnend. Zahlreiche Aussagen Rudolf Steiners allerdings waren und sind *mir* auch mit gutem Willen nicht nachvollziehbar. So unter anderem seine Behauptung, nicht nur die Weltgeschichte, sondern auch die kosmische Geschichte in einer nur der geisteswissenschaftlichen Forschung erkennbaren „Schrift" eines okkulten Weltgedächtnisses „lesen" zu können (es geht um die sogenannte Akasha-Chronik) oder seine sehr detaillierten Aussagen über wiederholten Erdenleben, also seine Reinkarnationslehre. Wenn es auch, so mein Eindruck, in der durchaus heterogenen anthroposophischen „Szene" einzelne Personen gibt, die den Pfad der Aufklärung und einer kritischen Rationalität gelegentlich zu verlassen scheinen, so sind andererseits viele Persönlichkeiten aus Rudolf Steiners Gefolgschaft genau diesem Geist der Rationalität verpflichtet, haben aber dennoch mit den erwähnten esoterischen Anschauungen keine Probleme, ja erleben diese vielleicht sogar als wichtige Impuls für ihre persönliche Entwicklung. Ich habe in der betreuten Schule wie in anderen Gremien, in denen Anthroposophen und Anthroposophinnen vertreten waren, immer gut und in wechselseitiger Offenheit mit diesen Persönlichkeiten zusammenarbeiten können, dabei meine eigene mögliche epistemische Begrenztheit in Rechnung stellend.

Heute habe ich zunehmend den Eindruck, dass es nicht allein eine tolerante Haltung war, die diese Gemeinschaft heterogener Persönlichkeiten ermöglichte; es muss im Werk Steiners noch eine weitere und nicht so offensichtliche „Erzählung" geben, die nicht nur Neugier auch eher kritisch auf die Anthroposophie blickender Personen weckt, sondern wechselseitige Offenheit und Konzilianz in den Diskursen auch ermutigt. Seit Gründung der anthroposophischen Gesellschaft durch Steiner in den 1920er Jahren gibt es Fraktionierungen z. B. in eher „esoterisch" oder „wissenschaftlich" orientierte Anhängerinnen und Anhänger der anthroposophischen Bewegung, ich komme später darauf zurück. Der Begriff *esoterisch* wurde von Steiner selber oft benutzt und weist auf Erkenntnisse hin, die er durch übersinnliche Wahrnehmungen bzw. durch geisteswissenschaftliche Forschung erlangt zu haben behauptet. Als *wissenschaftliche Orientierung* soll hier eine Vertrautheit mit dem heutigen akademischen Wissenschaftsverständnis bezeichnet werden: das betrifft z. B. die Forderung nach intersubjektiver Nachvollziehbarkeit und Überprüfbarkeit von Behauptungen. Im vierten Kapitel wird auf diese Begriffe auch aus Steiners Sicht genauer einzugehen sein. Ist für eine *Gemeinschaftsbildung* dieser heterogen orientierten Menschen ein solcher Grundkonsens auffindbar, der die Gegensätze zum Nutzen einer produktiven praktischen Zusammenarbeit versöhnt? Der Versuch, anthroposophische mit außeranthroposophischen, z. B. wissenschaftlich-akademischen Orientierungen zu vermitteln, ist in vielen Veröffentlichungen auch anthroposophisch orientierter Autorinnen und Autoren zu erkennen.[1] Im Bemühen unterschiedlicher Persönlichkeiten um eine

---

1 Aus der umfangreichen Literatur seien hier nur exemplarisch herausgegriffen: Uhlenhoff, R. (Hrsg.) (2011): Anthroposophie in Geschichte und Gegenwart. Ber-

zukunftsfähige Pädagogik, die gleichermaßen intellektuelle, handwerkliche, emotionale und soziale Fähigkeiten zu fördern sucht und die – wie heute in den Kulturschulen intendiert – eine künstlerische Durchdringung aller Unterrichtsfächer anstrebt, wird diese Gemeinschaftsbildung im Diskurs trotz heterogener mentaler Ausgangssituationen zu einer besonders wichtigen Aufgabe.[2]

Allerdings ist die Waldorfpädagogik nur *ein* anthroposophisches Praxisfeld, das durch Rudolf Steiner angeregt wurde, und auch in diesen anderen Tätigkeitsbereichen stellen sich soziale und weltanschauliche Fragen der eben genannten Art. Im Bereich der Medizin, Krankenhausgestaltung, Kosmetik, ärztlichen Hochschulbildung, biologisch-dynamischen Landwirtschaft, des gemeinwohlorientierten Bankenwesens, der Heilpädagogik oder neuer künstlerischer Entwicklungen wie der Eurythmie und organischen Architektur sind aus meiner Sicht wegweisende und für die Zivilgesellschaft grundlegende Impulse zu erkennen. Es ist für mich immer eine wichtige und bisher nicht zureichend beantwortete Frage gewesen, wie die sehr häufig für das moderne Bewusstsein ausgesprochen fremdartig wirkenden „geisteswissenschaftlichen" Aussagen Rudolf Steiners produktiv und kreativ in solchen humanistisch orientierten Praxisfeldern wirksam werden konnten. *Meine in den folgenden Kapiteln ausführlicher vorgetragene These ist, dass durch die oft befremdlich wirkenden Aussagen Steiners auch Botschaften von erstaunlicher Modernität gleichsam hindurchschim-*

---

lin; Dehmisch, E.-Chr./Greshake-Ebding, Chr./Kiersch, J./Schlüter, M./Stocker, G. (Hrsg.) (2014): Steiner neu lesen. Perspektiven für den Umgang mit Grundlagentexten der Waldorfpädagogik. Frankfurt/M.; Kiersch, J. (2008): Vom Land aufs Meer. Steiners Esoterik in verändertem Umfeld. Stuttgart; Paschen, H. (Hrsg.) (2010): Erziehungswissenschaftliche Zugänge zur Waldorfpädagogik. Wiesbaden; Schieren, J. (Hrsg.) (2016): Handbuch Waldorfpädagogik und Erziehungswissenschaft. Weinheim.

2 Zu den Kulturschulen vgl. Braun, T./Fuchs, M./Kelb, V./Schorn, B. (Hrsg.) (2013): Auf dem Weg zur Kulturschule II. München; Fuchs, M. (2012): Die Kulturschule. Konzept und theoretische Grundlagen. München; Rittelmeyer, Chr. (2018): Die Inspiration aller Unterrichtsfächer durch künstlerische Gestaltungselemente. In: Fuchs, M./Braun, T. (Hrsg.) (2018): Kulturelle Unterrichtsentwicklung. Grundlagen – Konzeptionen – Beispiele. Weinheim, S. 88–96.

mern. Wenn man die mentalen und gesellschaftlichen Bedingungen der Entstehungszeit des anthroposophischen Weltbildes vor rund hundert Jahren berücksichtigt, dann ist es sehr erstaunlich, dass damals die Notwendigkeit eines tieferen Naturverständnisses und eines verantwortungsvollen Umgangs mit unseren „Naturressourcen" gefordert wurde, dass Steiner die Notwendigkeit einer gesamtkörperlichen Bildung betonte (heute von der Embodied-Cognition-Forschung hervorgehoben), dass ein zutiefst sozialer und humanistischer Ansatz unter anderem für Krankenhäuser und Schulen entwickelt wurde, dass in den Vorträgen immer wieder Hinweise auf eine Kultur der Achtsamkeit anderen Menschen und Kulturen gegenüber zu finden sind und dass schließlich die Freiheit des Individuums von religiösen oder staatlichen Restriktionen einen zentralen Stellenwert in Steiners Lehre erhielt.[3] Durch das gesamte Vortrags- und Publikationswerk hindurch fällt auf, dass die für Außenstehende eher fremdartigen Beschreibungen der geistigen Welt fast fortwährend mit solchen sehr zeitgemäßen ethischen, epistemischen und ästhetischen Ideen zur gesellschaftlichen Entwicklung verbunden werden. Diese allerdings häufig erst einer genaueren Beobachtung zugänglichen Botschaften zeigen Rudolf Steiner als einen auch für unsere Zeit erstaunlich fortschrittlichen und „hellsichtigen" Visionär, der vorherrschenden mentalen Verfasstheiten seiner Zeit weit voraus war.

Wenn allerdings auch zahlreiche Äußerungen dieses Begründers der Anthroposophie beispielsweise zum Umweltschutz oder zu einer den Menschen und seine Bedürfnisse in den Mittelpunkt stel-

3 Die in der öffentlichen Diskussion immer wieder hervorgehobenen, als rassistisch gewerteten Äußerungen Steiners betreffen nur einige wenige, auch aus der Zeit heraus verstehbare Bemerkungen, die überhaupt nicht typisch für das eher auf Völkerverständigung gerichtete anthroposophische Selbstverständnis sind. Vgl. unter den zahlreichen Stellungnahmen von anthroposophischer Seite z.B. Brüll, R./Heisterkamp, J. (Hrsg.) (2008): Frankfurter Memorandum: Rudolf Steiner und das Thema Rassismus. https://www.waldorfschule.de/fileadmin/downloads/Erklaerungen/Frankfurter_Memorandum_Deutsch.pdf./ Leist, M./Bader, H.-J./Ravagli, L. (2001): Rassenideale sind der Niedergang der Menschheit: Anthroposophie und der Antisemitismusvorwurf. Stuttgart.

lenden Medizin heute unmittelbar einleuchten, so werden diese progressiven Botschaften in anderen Schriften, Vorträgen und künstlerischen Artikulationen erst erkennbar, wenn man sie historisch kontextualisiert und in den Diskursen der Gegenwart positioniert. Darauf wird an zahlreichen konkreten Beispielen hinzuweisen sein. Zwar sind diese Interpretationen aus *meinem* Denk-, Wissens- und Erfahrungshorizont heraus gewonnen und insofern „subjektiv", aber sie haben zugleich eine intersubjektive Bedeutsamkeit, weil hier ein bestimmter *Typus der kontextbezogenen und diskursiven Steiner-Lektüre* vorgeführt wird, die andere auf ihre je individuelle Weise nachvollziehen können. Soweit es die *Vorträge und Schriften* Steiners betrifft, möchte ich bei diesen nicht unbedingt auf den ersten Blick erkennbaren Botschaften von „Subtexten" sprechen. Aber es sind auch die zahlreichen *künstlerischen Medien* wie die Architektur oder Eurythmie, die bei genauer Betrachtung solche Botschaften der Modernität und Humanität übermitteln.

Als ich mich im Zusammenhang eines Umzugs vor einem Jahr von vielen Büchern trennte, waren auch aus der genannten Waldorfschulzeit zahlreiche Vorträge und Schriften Steiners dabei. Ich hatte viele Auszüge daraus notiert und das Gefühl, nun mit dieser Phase abschließen zu sollen. Ich will nicht verschweigen, dass mir bei erneuter Lektüre einige immer wieder variierte Zentralannahmen Rudolf Steiners, wie man sagt, „auf die Nerven gingen": Während Steiner in seinen Vorträgen vor Nichtanthroposophen zumeist vorsichtig formulierte, hörte das anthroposophisch vorgebildete Publikum immer wieder Redewendungen wie „Wir haben ja gesehen, dass der Mensch aus physischem Leib, Ätherleib, Astralleib und Ich besteht" oder „Wir wissen ja, dass wir jetzt im fünften nachatlantischen Zeitalter leben". Fasst man diese Grundüberzeugungen Steiners nicht als heuristische Anregungen auf, sondern wertet sie wie fachhistorische oder fachanthropologische Feststellungen, dann gerät man in die Gefahr einer unguten *Typisierung von Menschen und historischen Verhältnissen*. Pauschalaussagen etwa über das typische Lebensgefühl „der Griechen" in der

Antike können der tiefgreifenden Veränderung auch von Mentalitäten vom 7. bis zum 4. Jahrhundert v. Chr. in dieser Region nicht mehr gerecht werden. Solche Typisierungen verwundern umso mehr, als Steiner über ein relativ umfassendes historisches Wissen verfügte. Aber dennoch: Bei der Lektüre spürte ich auch wieder die Faszination, die Dezentrierung des Blicks aus früheren Zeiten. Was war der Grund? Die Ergebnisse dieser Recherche sind hier dargestellt.

Es handelt sich bei dem folgenden Text um keine wissenschaftliche Studie, denn meine Quellen waren vielfach ältere Ausgaben der Vorträge und Schriften Steiners, gelegentlich sogar aus seinen Lebzeiten – Materialien, die in meinem Besitz waren. Sie sind die Grundlage für die folgenden Interpretationen, korrekt im wissenschaftlichen Sinn wäre sicher das Zitieren aus der sogenannten Gesamtausgabe (GA) oder, soweit verfügbar, aus der neuen kritischen Gesamtausgabe.[4] Vor allem die (stenografischen) Vortragsnachschriften haben sich als gelegentlich nicht ganz präzise erwiesen, was jedoch den grundsätzlichen Gehalt der hier zitierten Texte, soweit ich erkennen kann, nicht verfälscht. Aber wenn ich mir selber Rechenschaft ablege über mein Verhältnis zu Steiners „Geisteswissenschaft", dann ist das aus diesen Gründen mit einigen möglichen Problemen behaftet, nicht zuletzt was die Genauigkeit *meiner* Nachschriften betrifft. Auch in dieser Hinsicht gehe ich aber davon aus, dass die hier behandelten Fragestellungen nicht anders beantwortet würden, wenn sie auf solchen kritisch durchleuchteten Quellen beruhen würden – die „Szene" ist mir eben auch ziemlich gut vertraut.

Die folgenden Überlegungen sollen daher weder eine kritische Analyse der Werke Rudolf Steiners bieten (obgleich auch dies exemplarisch vorgeführt wird) noch den Versuch darstellen, seine Schriften und Vorträge *systematisch* im derzeitigen wissenschaft-

4 Vgl. erste Bände der kritischen Ausgabe: Rudolf Steiner: Schriften. Kritische Ausgabe. Herausgegeben von Christian Clement. Stuttgart-Bad Cannstatt.

lichen Diskurs mit dem Ziel zu verankern, sie einem auch kritisch eingestellten Publikum zugänglich zu machen.[5] Mit Blick auf die eben erwähnten vielfältigen und inzwischen weltweiten praktischen Initiativen, die aus der Anthroposophie Rudolf Steiners hervorgegangen sind und die nahelegen, einen tiefgreifenden humanistischen Impuls in diesem für Außenstehende schwer zugänglichen Werk zu vermuten, geht es mir vielmehr um die Frage, *durch welche Darstellungsformen es Steiner erreichte und erreicht, solche Wirkungen zu erzielen.* Wie ist es möglich, dass seine vielfach fremdartig oder absonderlich erscheinenden Gedanken in solche menschenwürdigen und zukunftsweisenden Tätigkeitsfelder transformiert werden können? Wie entfaltet dieser besondere, einfallsreiche, vieles bewirkende, in mancherlei Hinsicht schwer zu verstehende Gründer der Anthroposophie seine *Wirkung* auf so viele Menschen? Nicht die Wahrheit oder Falschheit seiner Mitteilungen stehen im Zentrum meiner Überlegungen (obwohl auch dieser Aspekt gelegentlich zu betonen sein wird), sondern die Fragen, was Menschen an seinem Werk fasziniert und wie er es erreicht, dass sich Individualitäten unterschiedlichster Art und intellektueller Orientierung für ihn interessieren und sogar begeistern. Durch welche elementaren Gestaltungsmerkmale seiner Schriften und Vorträge gelingt ihm das? Ich möchte *eine* Antwort auf diese Frage durch die Erläuterung und Begründung der eben erwähnten These von ikonologischen und verbalen Botschaften bzw. Subtexten geben, die man mehr oder minder bewusst „mitliest", „mitbetrachtet" auch dort, wo es vordergründig um die Mitteilung wirklicher oder vermeintlicher esoterischer Erkenntnisse aus der „Geistesforschung" geht.

Was in dieser Hinsicht durch eine sorgfältige *Text- und Bildanalyse* aufgedeckt werden kann, ist nicht notwendig identisch mit

5 Lesenswerte Versuche der letztgenannten Art sind aus meiner Sicht unter anderem Wolfgang Müller, Zumutung Anthroposophie. Rudolf Steiners Bedeutung für die Gegenwart, Frankfurt/M. 2021 sowie Ulrich Kaiser, Der Erzähler Rudolf Steiner. Studien zur Hermeneutik der Anthroposophie, Frankfurt/M. 2020.

den tatsächlichen *empirischen Wirkungen* auf die Empfängerinnen und Empfänger der Botschaften, die man durch Befragungen ermitteln könnte. Aber was in den Texten entdeckt werden kann, sind nach meinem Eindruck doch plausible Denk- und Erfahrungsangebote, die als implizite Botschaften der Schriften und Vorträge so auch – vielleicht eher unbewusst – wahrgenommen werden dürften. Und wenn hier ein Grundmuster der Textrezeption deutlich werden sollte, können daraus vielleicht auch neue Interpretationen und Entwicklungen z. B. der Waldorfpädagogik hervorgehen, da sich dann zeigen würde, wonach viele sozial engagierte Menschen in tieferen Seelenschichten suchen. Meine folgenden Überlegungen stellen also insofern den *Versuch einer hermeneutischen Analyse der Gedanken und kommunikativen Mittel dar, durch die Steiner sein Publikum bis heute fasziniert (oder auch sich zu Gegnern macht).*

Die besondere Blickrichtung meiner Untersuchung lässt sich am Beispiel der Waldorfschulen vielleicht durch die folgende Episode veranschaulichen, mit der ich im Jahr 2011 einen Beitrag für das Buch *Waldorfschulen heute* einleitete:[6] „In der deutschen Wochenzeitung *Die Zeit* erschien am 17. August 2000 ein Streitgespräch zwischen Walter Hiller, dem damaligen Geschäftsführer des Bundes der Freien Waldorfschulen, und dem Erziehungswissenschaftler Klaus Prange, Professor an der Universität Tübingen.[7] Prange hatte einige Jahre zuvor ein vielbeachtetes Buch mit dem Titel ‚Erziehung zur Anthroposophie' veröffentlicht. Er vertrat darin unter anderem die These, dass in den Waldorfschulen – ob gewollt oder nicht – mindestens gelegentlich auch eine anthroposophisch orientierte Beeinflussung der Schüler stattfindet.[8]

6 Rittelmeyer, Chr. (2011): Gute Pädagogik – fragwürdige Ideologie? Zur Diskussion um die anthroposophischen Grundlagen der Waldorfpädagogik. In Loebell, P. (Hrsg.): Waldorfschule heute. Eine Einführung. Stuttgart, S. 327–347.

7 Die Zeit Nr. 34 (2000), S. 29.

8 Prange, K. (2000): Erziehung zur Anthroposophie. Darstellung und Kritik der Waldorfpädagogik. Bad Heilbrunn, 3. Auflage.

Diese These kann zwar durch neuere Studien als widerlegt gelten, spielt aber in der öffentlichen Diskussion immer wieder eine Rolle.[9] Für mein Thema interessanter ist indessen, dass dieses Streitgespräch unter dem Titel ‚Muss der Guru gehen?' veröffentlicht wurde – eine Frage, die sich auf Rudolf Steiner bezog. Einem Portraitfoto Klaus Pranges war der Kommentar beigefügt: ‚Er fordert, dass sich die Waldorfschulen jetzt von ihrem Gründer Rudolf Steiner emanzipieren müssen, wenn sie auch weiterhin als Alternative zu den Staatsschulen ernst genommen werden wollen.' – Die Redaktion der *Zeit* gab dem Streitgespräch damit eine Akzentsetzung, die fundamentale Fragen der Waldorfschulpädagogik betrifft und die immer wieder Gegenstand kritischer Publikationen war: Sind die anthroposophischen Grundlagen der Waldorfpädagogik noch zeitgemäß? Ist die menschenkundliche Orientierung der Waldorfschulen vor dem Hintergrund moderner entwicklungspsychologischer Forschungen noch haltbar? Handelt es sich dabei um ‚Ideologien', um ein falsches oder doch zumindest anachronistisches Denken, um eine fragwürdige und okkultistische Weltanschauung? Könnte man Waldorfpädagogik nicht auch unter Verzicht auf die anthroposophische Lehre Rudolf Steiners verwirklichen?"[10]

Das sind Fragen, die man analog auch mit Blick auf andere anthroposophisch inspirierte Institutionen und Praxisbereiche wie z. B. die biologisch-dynamische Landwirtschaft oder die anthroposophische Grundlegung von Arznei- wie Kosmetikprodukten der Firmen Weleda und Dr. Hauschka stellen kann. Mit Blick auf die

---

9 Barz, H./Randoll, D. (Hrsg.) (2007): Absolventen von Waldorfschulen. Eine empirische Studie zu Bildung und Lebensgestaltung. Wiesbaden, S. 19 und S. 137 ff.; Schopf-Beige, M. (Hrsg.) ([2]2004): Bestanden. Lebenswege ehemaliger Waldorfschüler. Stuttgart, z. B. S. 67, S. 99 f.; Ribeiro, W./Pereira, J. P. J. (2010): Seven Myths of Social Participation of Waldorf Graduates. In: Research Bulletin 15, 29–36.

10 Z. B. Ullrich, H. (1986): Waldorfpädagogik und okkulte Weltanschauung. Eine bildungsphilosophische und geistesgeschichtliche Auseinandersetzung mit der Anthropologie R. Steiners. Weinheim u. München; Barz, H. (1994): Anthroposophie im Spiegel von Wissenschaftstheorie und Lebensweltforschung. Zwischen lebendigem Goetheanismus und latenter Militanz. Weinheim.

Waldorfpädagogik habe ich in dem erwähnten Artikel versucht, Steiners „menschenkundliche" Hinweise, die mit heutigen entwicklungspsychologischen und anthropologischen Positionen kaum kompatibel zu sein scheinen, als *mögliche blickerweiternde Betrachtungsperspektiven* darzustellen, deren Nützlichkeit und pragmatischer Sinn sich dann in der – ja in der Tat vielfach gelobten – *didaktischen Praxis* erweisen muss.[11] Solche Legitimationsmuster, die sich ebenso z. B. auf landwirtschaftliche, ärztliche oder pharmazeutische Sachgebiete übertragen lassen, sind auch in der anthroposophischen Fachliteratur zu finden, hier aber durchaus umstritten.[12] Auch in den Waldorfschulen zeigt sich zunehmend ein sehr grundsätzliches und für diese Schulform Gefahren bergendes Problem, das mit Blick auf die Anthroposophie insgesamt schon zu Rudolf Steiners Lebzeiten bedeutsam war – ich komme später darauf zurück. Denn manche Lehrerinnen und Lehrer dieser Schulform haben keine innere Beziehung mehr zu den „übersinnlichen" anthroposophischen Grundlagen und knüpfen daher eher an die didaktischen Traditionen wie z. B. das künstlerische Schulen von Denk-, Gefühls- und Willenskräften Heranwachsender an. Andere hingegen finden gerade in den andersartigen anthropologischen und didaktischen Angaben Steiners eine tiefergehende, sie selber auch begeisternde und motivierende Handlungsgrundlage. Das führt mitunter zu mehr oder minder tiefgreifenden Konflikten in den Kollegien, aber auch in der anthroposophischen Publizistik. Die Sache wird noch schwieriger in der internationalen Waldorfschulpädagogik, die sich in anderen kulturellen Zusammenhängen von vielen heute „eurozentrisch" erscheinenden pädagogischen

---

11 Vgl. dazu auch Schieren, J. (Hrsg.) (2016): Handbuch Waldorfpädagogik und Erziehungswissenschaft. Weinheim/Basel, Kapitel 3: Entwicklungspsychologie.

12 Z. B. Schieren, J. (2022): Anthroposophie in der Kritik. Online-Ausgabe der Zeitschrift Erziehungskunst, April 2022: https://www.erziehungskunst.de/artikel/anthroposophie-in-der-kritik/. Vgl. auch einige Beiträge in Schieren, J. (Hrsg.) (2016): Handbuch Waldorfpädagogik und Erziehungswissenschaft. Weinheim/Basel.

Aussagen Rudolf Steiners nicht mehr leiten lassen kann.[13] Angesichts der erwähnten gesellschaftlichen Relevanz dieser anthroposophischen Initiativen entsteht damit aber die Frage, *wie sich diese Unterschiede beispielsweise eher „wissenschaftlich" oder „esoterisch" orientierter Individualitäten und Orientierungen versöhnen lassen* (beide Begriffe sind, wie erwähnt, nicht unproblematisch, was sie bedeuten, wird gleich deutlicher herauszuarbeiten sein). Anders formuliert: Wie lassen sich solche Konflikte überwinden, wie lässt sich eine *Gemeinschaft des Heterogenen herstellen* zum Wohle der erwähnten zivilgesellschaftlichen Initiativen? Das ist eine zweite zentrale Frage meiner Untersuchung, sie bezieht sich primär auf den in letzter Zeit heftiger werdenden inneranthroposophischen Diskurs. Es scheint mir nützlich zu sein, zunächst einen eher abstrakten Überblick über zentrale Maximen und Phänomene der Anthroposophie Rudolf Steiners zu geben, die dann in den Folgekapiteln genauer besprochen werden sollen. Es geht dabei nicht um einen wirklich umfassenden Katalog von Themen und Motiven in seinem Werk, sondern um das exemplarische Herausstellen einiger zentraler Gesichtspunkte, die sich bei *meiner* Lektüre ergeben haben. Schon dabei dürften erste Motive für die Faszination zu bemerken sein, die diese „Weltanschauung" auf viele Menschen ausübt, wobei zu bedenken ist, dass jede Art der Weltbetrachtung, auch die naturwissenschaftlich geprägte, eine „Weltanschauung" ist, es gibt keine Wahrnehmung jenseits solcher je spezifischen Betrachtungsperspektiven.

---

13 Göbel, N. (Hrsg.) (2019): Die Waldorfschule und ihre Menschen. Weltweit. 3 Bände, Stuttgart; Zdrazil, T./Kullak-Ublick, H. (Hrsg.) (2019): Die Menschenkunde der Waldorfschulen in der Vielfalt der Kulturen der Welt. Stuttgart.

II. Leitmotive, die bei der Lektüre von Rudolf Steiners Schriften und Vorträgen erkennbar werden

1. Allem sinnlich Wahrnehmbaren, allem Empirischen liegt ein *übersinnliches Geistiges* zugrunde. Auch der innerste Kern des Individuums, sein „Ich", ist geistiger Natur und vergeht nicht mit dem Tod, sondern inkarniert sich in der Zukunft wieder in einem neuen Körper. Wie der Mensch in seinem Leben handelt, ist daher von Bedeutung für das, was er im nächsten Leben erlebt und als Handlungsaufgabe zu meistern hat (sein „Karma"), ohne ihn zu determinieren. Ebenso werden seine Lebensaufgaben im aktuellen Inkarnationszeitraum auch durch vorhergehende Inkarnationen mitbestimmt.
2. Dieses Geistige, das allen Erscheinungen zugrunde liegt, ist nur durch die *Entwicklung bestimmter Erkenntnisorgane* wahrnehmbar, die methodisch geschult werden können, so dass den Erkenntnis-Suchenden gleichsam die Augen geöffnet werden für die normalerweise unerkannt bleibende geistige Welt.[14] Die Anthroposophie wird daher auch „Geisteswissenschaft" genannt, weil sie sich der stetigen Erforschung der geistigen Welt widmet. Dann werden die Wesenheiten dieser geistigen Sphäre sehr konkret in ihrem negativen oder positiven Wirken erkennbar, Steiner beschreibt sie – z. B. bestimmte in der Natur wirksame Elementarwesen, das menschliche Schicksal beeinflussende Engel oder Widersacher-Mächte wie Luzifer – als häufig intentional und geradezu empirisch anmutend bis in Einzelheiten.

14 Steiner R. (1972): Wie erlangt man Erkenntnisse höherer Welten? Dornach; derselbe (1979): Anweisungen für eine esoterische Schulung. Dornach.

3. Anders als viele Religionsstifter, Visionäre etc. betont Steiner eine *Analogie seiner Erkenntnismethoden zum streng naturwissenschaftlichen Arbeiten* und zur Bedeutung der *Eigenaktivität der Erkenntnissuchenden.*
4. Seine geisteswissenschaftlichen Erkenntnisse beruhen auf *übersinnlichen Schauungen*, die Anlehnungen der Begriffe an Traditionen wie z. B. die indische Mythologie kommen seinen Angaben zufolge dadurch zustande, dass diese hellseherischen Erkenntnisse zunächst begriffslos sind, er muss daher nach Ausdrücken suchen, sie verständlich zu machen.
5. Seine Lehre wie sein tatsächliches Auftreten und Verhalten sind von *hoher ethischer bzw. moralischer Integrität*: Anders als diverse Gurus und Sektenführer strebt er nicht nach Wohlstand, gutem Leben, Luxus oder Macht über andere. Er tritt eher warmherzig und unterstützend als kritisch oder angreifend auf (obgleich es Letzteres gelegentlich auch gibt). Individualität und Freiheit des Menschen sind hohe Werte, die er schon früh in seinen Werken betont; ein Einfluss auf andere Menschen soll nur über deren eigene Erkenntnis und über ihre eigenen Willensentscheidungen erfolgen. Darauf soll auch Erziehung hinarbeiten. Rund hundert Jahre vor der Forderung einer „Kultur der Achtsamkeit", von „Mindful Schools", einer „Resonanzpädagogik" und einer „Wertschätzung der Natur" hat er diese Kultur der Achtsamkeit und der anteilnehmenden, miterlebenden Naturbetrachtung nicht nur *proklamiert*, sondern in der Art seiner Ausdrucks- und Darstellungsformen auch *demonstriert* und *realisiert.*
6. Anders als manche Religionsschöpfer und Propheten vor ihm erweist er sich als eine auf *vielen Gebieten des menschlichen praktischen Lebens inspirierende Individualität*: Landwirtschaft, Pädagogik, Heilpädagogik, Medizin, Kunst, Naturforschung, Architektur sind herausragende Beispiele.
7. Unter anderem in Steiners „Französischem Kurs" kann deutlich werden, was sein *eigentliches Anliegen* ist: *Den Zusammen-*

hang des Menschen mit dem ihn umgebenden Kosmos (Mitmenschen, Natur, Sternenwelt, Geschichte und vieles Weitere) nicht zu verlieren bzw. durch Geisteswissenschaft zu erkennen.[15] Immer wieder wird der Sorge Ausdruck gegeben, dass man ohne geisteswissenschaftliche Aufklärung in ein kaltes abstraktes Denken, in unbeteiligtes Wahrnehmen kommt. Weltall und Mensch, vorgeburtliches und nachgeburtliches Leben, geistige und physische Welt stehen in einem Zusammenhang enger Wechselwirkung, sie bilden ein in sich sinnvolles Ganzes, in das man als freies Wesen gestellt ist.

8. Steiner geht davon aus, dass seine *Anthroposophie geeignet ist, große, von ihm vorausgesagte Gefahren für die Menschheit zu erkennen und ihnen erfolgreich zu begegnen.*
9. Obgleich er betont, dass sich auch „der Geistesforscher" in seinen Schauungen irren kann, sind *in seinem Werk kaum Selbstzweifel dieser Art zu bemerken*: Er trägt alles mit voller Überzeugung, sehr flüssig, präsent und anschaulich vor, als würde er tatsächlich aus einem inneren Bild, aus konkreter Erfahrung heraus sprechen.
10. Insgesamt ergibt sich so das Bild eines *Kosmos geistiger und sehr konkreter Wesenheiten, die das Weltgeschehen intentional beeinflussen und einen immanenten Sinn desselben ermöglichen*, ebenso auch von geistig gesteuerten Ereignissen, in die der Mensch durch sein moralisches und epistemisches Tun positiv oder negativ eingreifen kann – in die das Individuum auch schicksalsmäßig, aber nicht unfrei eingebunden ist. „Gut" und „Böse" werden als für die menschliche Entwicklung immer auch positive Mächte charakterisiert. Es gibt einen Sinn der Geschichte und des gesamten Kosmos, den es zu erkennen gilt, zum Heil der Menschheit.

15 Steiner, R. (1980): Die Philosophie, Kosmologie und Religion in der Anthroposophie. Zehn Vorträge, gehalten vom 6. bis 15. September 1922, Dornach.

Die Vorträge sind wohl deshalb für viele Menschen *herzerwärmend, epistemisch anregend und blickerweiternd*, weil Steiner solche Sinnzusammenhänge immer wieder an verschiedenen Gegenständen wie Themen behandelt, dabei auf gewisse Fundamente wie seine Anthropologie, seine Reinkarnationslehre oder seine Zeitalter-Lehren zurückgreifend: es sind Themen wie z. B. die tradierten Jahresfeste, die Entwicklung des Kindes und die Didaktik, das Wesen der Bienen, eine okkulte Physiologie, politische Aufgaben wie die Dreigliederung des sozialen Organismus, die Welt-Religionen und insbesondere ein neu und tiefer verstandenes, von Konfessionen befreites Christentum, es sind die Erkenntnistheorie und Philosophie, eine menschengemäße Medizin, verschiedene Persönlichkeiten der Geschichte, etc.: Immer ist alles mit allem geistig verbunden, immer ergibt sich so für das erkennende Individuum die Möglichkeit, sein Tun als in umfassender Weise individuelles, gesellschaftlich wie menschheitsgeschichtlich *sinnvolles* zu erleben und aktiv voranzutreiben. So ist die Hauptwirkung der Vorträge und Schriften eigentlich immer die implizite Aufforderung: Du stehst in einer sinnvoll geordneten Welt geistiger Wesenheiten und kannst erkennen, was in deiner Zeit getan werden muss zum Wohl der Menschheit, du kannst durch Anthroposophie erkennen, dass du deine Willensimpulse aktivieren musst und dich aktiv in diesen weltgeschichtlichen Zusammenhang, individuell gestaltend, hineinstellen sollst. Daher gibt Steiner zahlreiche Übungen zur Aktivierung des Willenslebens, auch in Gestalt von Leitbildern wie dem des Erzengels Michael oder den nicht durchweg negativ bewerteten Gegenmächten Ahriman und Luzifer: Solche starken Symbole sind daher wichtig, weil für die Selbstbildung wegleitend.

Sucht man nach dem zentralen Motiv dieser „Geisteswissenschaft" sowohl für den externen Diskurs als auch für die Versöhnung der inneranthroposophischen Fraktionierungen insbesondere mit Blick auf die esoterisch oder exoterisch-wissenschaftlich (im letzten Fall gleichwohl spirituell) orientierten Individualitäten, dann ist es die den ganzen Menschen seelisch wie praktisch ergreifende und impulsierende *Kultur der Achtsamkeit allen Lebens- und Erkenntnisbereichen gegenüber.* Dies zu sehen und nachzuempfinden, setzt voraus, Steiners Vorträge und Schriften nicht nur zu *umschreiben oder zu paraphrasieren, sondern im Wortlaut aufzunehmen.* Es ist auch die *Art seiner Rede*, die *erfahrbar* macht, was diese Kultur kennzeichnet.[16] Für den *außeranthroposophischen Diskurs* zeigt das, wie erwähnt, die Aktualität einer so entschlüsselten Anthroposophie, man denke an die Forderungen einer neuen, anteilnehmenden Beziehung zur Natur oder einer „Kultur der Achtsamkeit" im mitmenschlichen Umgang. *Inneranthroposophisch* kann der gemeinsame Blick auf diese Kultur, ähnlich der von Steiner betonten gemeinschaftsbildenden Bedeutung des *religiösen Kultus* für z. B. eher gemüthafte oder eher wissenschaftliche Zugänge zur Religion, bedeuten, ein wechselseitiges Verständnis für die tiefergehenden Botschaften der Anthroposophie über deren Symbole und Bilder anzustreben.

---

16 Vgl. dazu auch das schon erwähnte Buch von Ulrich Kaiser (2020): Der Erzähler Rudolf Steiner, Frankfurt/M. 2020, sowie Martina Maria Sam (2004): Im Ringen um eine neue Sprache. Rudolf Steiners Sprachstil als Herausforderung. Dornach.

III. Ein erstes Beispiel für implizite Botschaften in den Ausführungen Rudolf Steiners

Die eben erwähnte Überzeugung Steiners, dass allem sinnlich Wahrnehmbaren geistige Wesenheiten zugrunde liegen, ist durch seine Beschreibung sogenannter *Elementarwesen in der Natur* gut zu veranschaulichen. Ich greife exemplarisch zurück auf das von Wolf-Ulrich Klünker herausgegebene Buch *Geistige Wesen in der Natur.*[17] Es enthält zwölf Vorträge, die Steiner zu diesem Thema zwischen 1908 und 1923 an unterschiedlichen Orten gehalten hat. Es ist darin unter anderem die Rede von übersinnlichen Elementarwesen der Erde und des Wassers, der Tier- und Pflanzenwelt und auch des Kosmos, von Gnomen, Undinen, Sylphen und Salamandern, also von zum Teil aus Mythen, Sagen und Märchen bekannten, von Steiner aber durch Übung als wahrnehmbar beschriebenen geistigen Wesen. Das sind gewiss Beispiele für Aussagen, die heute zwar nicht bei allen Menschen, aber doch bei der überwiegenden Mehrheit mindestens auf Befremden, wenn nicht auf Gelächter treffen dürften. Aber es soll hier, wie erwähnt, nicht um die Ablehnung oder Akzeptanz solcher Aussagen gehen, sondern um die textanalytisch zu klärende Frage, welche impliziten Botschaften und Erfahrungskonstellationen in diesen Vorträgen über das Offensichtliche hinaus mitgeteilt werden. Meine *wegleitende Hypothese ist, wie erwähnt, dass außer den unmittelbar erkennbaren Themen (wie z. B. der Beschreibung des Wirkens von Elementarwesen in der Natur) nicht unmittelbar sichtbare, sondern erst hermeneutisch oder textanalytisch herauszustellende „Subtexte" entdeckt werden können, die ihre eigene epistemische, moralische und ästhetische Qualität haben.* Allerdings werden diese Botschaf-

17 Stuttgart 1992

ten immer „mitgelesen", jedoch wohl selten bewusst. Sie sind aber möglicherweise die eigentliche Inspirationsquelle für eher skeptische Leserinnen und Leser, sofern diese das Gefühl haben, durch ihre Lektüre bereichert zu werden. Natürlich können verschiedene Analysen dieser Art auch unterschiedliche „Subtexte" offenlegen. Ich gehe aber davon aus, dass die von mir beschriebenen Textgehalte wesentliche Motive für die Faszination herausstellen, die Steiners Vorträge und Schriften auf viele Menschen ausübt.

In einem Vortrag vom 12. April 1909 geht es beispielsweise um die „Erlösung der Elementarwesen durch den Menschen". Steiner führt darin unter anderem aus, dass die Art und Weise, wie wir Pflanzen betrachten, Auswirkungen auf die in ihnen wirksamen Elementargeister hat. Die sehr konkrete Beschreibung solcher Wesen und des menschlichen Umgangs mit ihnen dürfte allerdings für Außenstehende fremdartig wirken. Man kann dabei jedoch, da es hier um ein epistemisches Problem im Umgang mit Steiners Mission und Wirkung geht, mit Nutzen ein paar wegleitende Devisen „im Hinterkopf" haben. Ich denke in diesem Zusammenhang nicht nur an die Warnung des Wissenschaftstheoretikers Paul Feyerabend, die Phänomene unserer Welt nicht nur aus dem Blickwinkel eines „braven Empiristen" zu betrachten, der lediglich gelten lässt, was der unmittelbaren sinnlichen Wahrnehmung zugänglich ist.[18] Auch zwei bedenkenwerte Aussagen Friedrich Nietzsches und Friedrich Schillers können hier zitiert werden. So beschrieb Friedrich Nietzsche 1889 in seinem Werk *Götzen-Dämmerung* unter dem Motto „Was dem Deutschen abgeht" die drei „Aufgaben, derentwegen man Erzieher braucht. Man hat *sehen* zu lernen, man hat *denken* zu lernen, man hat *sprechen* und *schreiben* zu lernen: das Ziel in allen dreien ist eine vornehme Kultur. – *Sehen* lernen – dem Auge die Ruhe, die Geduld, das An-sich-herankommen-lassen angewöhnen; das Urteil hinausschieben, den Einzelfall von allen

18 Feyerabend, P. (1970): Wie wird man ein braver Empirist? In: Krüger, L. (Hrsg.): Erkenntnisprobleme der Naturwissenschaften. Köln, S. 302–335

Seiten umgehn und umfassen lernen. Das ist die *erste* Vorschulung zur Geistigkeit: auf einen Reiz *nicht* sofort reagieren, sondern die hemmenden, die abschließenden Instinkte in die Hand bekommen. *Sehen* lernen, so wie ich es verstehe, ist beinahe das, was die philosophische Sprechweise den starken Willen nennt: das Wesentliche daran ist gerade, *nicht* ‚wollen', die Entscheidung aussetzen *können.*"[19]

Und in Friedrich Schillers *Briefen über die ästhetische Erziehung des Menschen* lesen wir im 13. Brief eine Passage, die sich nicht nur auf die Natur, sondern auf jeden Erkenntnisgegenstand beziehen lässt, sofern eine usurpatorische Vernunft diesen zu rasch „auf den Begriff" zu bringen droht: „Die Natur mag unsre Organe noch so nachdrücklich und noch so vielfach berühren – alle ihre Mannigfaltigkeit ist verloren für uns, weil wir nichts in ihr suchen, als was wir in sie hineingelegt haben, weil wir ihr nicht erlauben, sich *gegen uns herein* zu bewegen, sondern vielmehr mit ungeduldig vorgreifender Vernunft *gegen sie heraus* streben … Dieses voreilige Streben nach Harmonie, ehe man die einzelnen Laute beisammen hat, die sie ausmachen sollen, diese gewalttätige Usurpation der Denkkraft in einem Gebiete, wo sie nicht unbedingt zu gebieten hat, ist der Grund der Unfruchtbarkeit so vieler denkender Köpfe für das Beste der Wissenschaft, und es ist schwer zu sagen, ob die Sinnlichkeit, welche keine Form annimmt, oder die Vernunft, welche keinen Inhalt abwartet, der Erweiterung unserer Kenntnisse mehr geschadet haben."

Ich will nicht verschweigen, dass mir viele Aussagen Steiners eher unzugänglich sind, so z. B. seine Reinkarnations-Lehre oder viele historische, durch Geschichtswissenschaft nicht belegbare Aussagen, auch seine Hinweise auf okkulte Geheimgesellschaften mit ihren möglichen Anregungsgehalten für Verschwörungstheorien in anthroposophischen Gruppierungen sind hier zu nennen.

---

19 Nietzsche, F. (1997): Götzen-Dämmerung. In Nietzsche, F.: Werke Band II, München, S. 987.

Mögliche eigene intellektuelle Beschränktheiten sind mir bei dieser Skepsis allerdings auch bewusst. Aber die folgenden Überlegungen sind vielleicht geeignet, die früher erwähnten zivilgesellschaftlichen Initiativen in Zukunft auch mit einem neuen Zugang zur Anthroposophie, der unsere Gesellschaft zahlreiche Anregungen verdankt, zu begründen. Mit dieser Haltung versuche ich nun, in Grundgedanken des erwähnten Vortrages einzuführen.

Steiner eröffnet seine Überlegungen zu den Elementargeistern zunächst mit einer historischen Rückschau, die an seiner geschichtlichen Gliederung in sogenannte nachatlantische Kulturepochen orientiert ist: Nach der „Atlantis-Katastrophe" (er folgt hier der Erzählung Platons) folgen laut seiner Unterteilung die urindische, dann die urpersische, die babylonisch-chaldäisch-ägyptisch-jüdische und die griechisch-römisch-frühmittelalterliche Kulturepoche. Diesen vier Epochen folgt seit der frühen Neuzeit die fünfte nachatlantische Kulturepoche, in der wir uns befinden. Eine Behauptung, die in den Vorträgen mit Blick auf diese Epochen immer wieder variiert wird, ist die, dass den Menschen in den früheren Epochen noch eine Art atavistisches Hellsehen möglich war, das ihnen die Wirksamkeit von Geistigem, z. B. von Naturgeistern, erfahrbar machte, in unserer Zeit hingegen ist diese Fähigkeit verloren gegangen und muss durch das aktive, seine geistigen Erkenntnisorgane übende Individuum nunmehr willentlich kontrolliert erworben werden. In der ersten (also urindischen) nachatlantischen Epoche wurden, so Steiner, wichtige Weisheiten von den heiligen Rishis (altindischen Weisheitslehrern und Wahrsagern) verkündet – „alle Dinge, die uns materiell entgegentreten, sind nur die äußere Hülle von geistigen Wesenheiten", die von dieser „Geisteswissenschaft" der Rishis noch wahrgenommen werden konnten. Das betraf auch die geistige Natur der vier Elemente.

Aber die Auffassung der Elemente war eine andere als die heutige: Als „Erde" galt *alles* Feste, als „Wasser" *alles* Flüssige, also z. B. auch schmelzendes Metall, *alles* luft- oder gasförmige galt als „Luft", während die Wärme bzw. das Feuer von der feinsten Substantialität war. Das Feuer, die Wärme, das Licht hatte daher eine besondere Qualität: während die drei anderen Elemente sinnlich wahrnehmbar sind, ist Licht als solches nicht sinnlich erfahrbar, nur in seinen Wirkungen z. B. auf beleuchteten Flächen. „Nun sagte die alte und mit ihr auch die neue Geisteswissenschaft: Es ist noch ein anderer, ein beträchtlicher Unterschied zwischen dem, was wir Erde, Wasser, Luft und dem, was wir Feuer oder Wärme nennen … Wärme nehmen wir nämlich auch wahr, ohne dass wir sie äußerlich berühren." Wir können Wärme zwar durch Berühren eines anderen Körpers äußerlich wahrnehmen, „aber wir fühlen Wärme auch in unseren eigenen inneren Zuständen. Daher hat die alte Wissenschaft, schon bei den Indern, hervorgehoben: Erde, Wasser, Luft nimmst Du in der Außenwelt allein wahr, Wärme ist das erste Element, das auch innerlich wahrgenommen werden kann … So bildet das Feuer für die Geisteswissenschaft immer die Brücke zwischen dem äußerlich Materiellen und dem Seelischen, das nur innerlich wahrgenommen wird vom Menschen." Steiner beschreibt dann das *Erleben* eines Übergangs z. B. vom Ertasten eines warmen Körpers zum seelischen Wärmeerleben, d. h. auch zur Wahrnehmung eines Seelischen als Solches. Und später: „Also wir treten, wenn wir aufsteigen – so sagt die Geisteswissenschaft – von Erde durch Wasser, durch Luft zum Feuer und dann zum Licht, wir treten da von äußerlich Wahrnehmbarem, Sichtbarem ins Unsichtbare hinein, ins Ätherisch-Geistige. Oder, wie man auch sagt: Das Feuer steht an der Grenze zwischen dem äußerlich Wahrnehmbaren, Materiellen und dem, was ätherisch-geistig ist, was nicht mehr äußerlich wahrnehmbar ist."

Aber auch dieser Übergang der Wahrnehmung des Materiellen in eine des Geistigen bleibt der Sache noch äußerlich. Denn das Geistige ist ein für die Wärme Wesentliches; verwandelt sich das Feuer in Rauch, „dann muss etwas von dem Geistigen, das in der Wärme war, in den Rauch hinein. Und dieses Geistige, das in der Wärme war, das in den Rauch, in ein Luftförmiges übergeht … das ist jetzt in dem Rauch, in dem was als Trübung erscheint, verzaubert. Geistige Wesenheiten, die mit der Wärme sind, müssen sich sozusagen herbeilassen, in das Dichtwerdende, in das Rauchigwerden sich hineinverzaubern zu lassen." Steiner schildert dann in Gestalt von Imaginationsanregungen, wie man die Übergänge von Flüssigem zum Festen und auch zum Geistigen fließend vorstellen kann, wie aber „mit dieser Verdichtung, diesem Gasförmig- und Festwerden immer eine Verzauberung von geistigen Wesenheiten verbunden" ist.

„Können wir Menschen für diese Elementargeister etwas tun? Das ist die große Frage, die sich die heiligen Rishis aufwarfen. Können wir etwas tun, um das, was da verzaubert ist, zu erlösen? Ja, wir können etwas tun!" Es ist für die Rishis (die altindische „Geisteswissenschaft") wie für uns im fünften nachatlantischen Zeitalter möglich, den Naturgeistern Wohltätiges angedeihen zu lassen. Während alles Geistige, nicht sinnlich Wahrnehmbare keiner raumzeitlichen Begrenzung unterliegt, sind die drei ins Feste, Materielle strebenden Elemente Erde, Wasser und Luft jene Welt, in der die Elementargeister verzaubert sind. Es ist nun aber gerade die Art unserer Betrachtung solcher Naturgegenstände, die auf deren Elementargeister eine negative oder – in Gestalt einer Entzauberung, einer Erlösung – eine positive Wirkung ausübt.

Wenn man beispielsweise einen Bergkristall oder ein Stück Metall nur „einfach anglotzt", also geistlos betrachtet, dann geht deren Elementargeist in den Menschen über, wird nicht entzaubert. „Indem Sie wahrnehmen, geht von ihrer Umgebung fortwährend eine Schar von Elementarwesen, die verzaubert war und die fortwährend verzaubert wird durch die Verdichtungsprozesse der Welt … in Sie hinein." Diese Wesen haben damit „nichts gewonnen im Weltprozess, als dass sie hereingestiegen sind aus der Außenwelt in den Menschen. Nehmen wir aber an, der Mensch sei ein solcher, der die Eindrücke der Außenwelt geistig verarbeitet, der mit seinen Ideen, Begriffen sich Vorstellungen macht über die geistigen Grundlagen der Welt, der also ein Stück Metall nicht einfach anglotzt, sondern über das Wesen nachdenkt, die Schönheit der Sache nachfühlt, der seinen Eindruck vergeistigt. Was tut der? Der erlöst durch seinen eigenen geistigen Prozess das Elementarwesen, das überströmt von der Außenwelt zu ihm; er hebt es herauf zu dem, was es war, der befreit die Elementarwesen aus ihrer Verzauberung." Steiner beschreibt im weiteren Vortrag Wege zu einem tieferen Verständnis der Elementarwesen, bezieht sich auch auf die *Bhagavad Gita* und auf das Fortwirken der Wesen nach dem Tod des Menschen. Bevor ich übergehe zu einer analogen Betrachtung, die sich auf die Elementargeister der *Pflanzen* bezieht, möchte ich die bisherigen Ausführungen etwas genauer daraufhin befragen, welche vielleicht verborgenen Botschaften, welche „Subtexte" in ihnen identifiziert werden können.

Wenn man nach möglicherweise nicht unmittelbar erkennbaren Gehalten in einem Text sucht, dann besteht neben der genauen Lektüre ein weiteres sinnvolles Verfahren darin, sich zu fragen, wie die untersuchte Rede wirken würde, wenn bestimmte Elemente *nicht* im untersuchten Material enthalten wären. Man kann das als „experimentelle" Form der Textinterpretation bezeichnen: Was wäre, wenn an dieser Stelle anders formuliert, anders begonnen worden wäre?[20] Aus einer solchen Blickrichtung kann man beispielsweise überlegen, welchen Sinn Steiners Bezug auf die Rishis, die altindischen Weisheitslehrer haben könnte, warum er also nicht unmittelbar auf sein Thema der Elementargeister mit einem Gegenwartsbezug zusteuert. Er bezeichnet diese Lehrer als „Geisteswissenschaftler", die zwar aus einer anderen Bewusstseinslage heraus forschten und dachten, als sie die heutige Geisteswissenschaft kennzeichnet: Steiner analogisiert die erwähnten Kulturepochen auch mit bestimmten, sich verändernden Bewusstseins- und Wahrnehmungsmodalitäten. Aber in seinem Werk fällt immer wieder die Hochachtung antiker oder nordischer Mysterien, von Druiden- und Mithraseinweihungen, darüber hinaus auch von

20 Rittelmeyer, Chr./Parmentier, M. (2007): Einführung in die pädagogische Hermeneutik. Darmstadt, 3. Auflage, S. 51ff.

älteren, oft als „hellsichtig" in einem atavistischen Sinn bezeichneten Kulturen der Vor- und Frühzeit auf. Die historische Wissenschaft weiß wenig Genaues darüber, aber Steiner beschreibt die Art ihrer Weltwahrnehmung aus einer Haltung der Anerkennung heraus sehr detailliert, dabei teils kreativ aus der theosophischen Literatur zitierend, überwiegend jedoch nach eigenen Angaben aus übersinnlicher Wahrnehmung schöpfend. In diesem Zusammenhang kann man feststellen, dass die Schilderung der Elementen-Lehre der „alten Rishis" im Subtext *eine Anerkennung dieser fremden Kultur* inszeniert. Die behaupteten Weisheiten, die Mysterien und Kulte werden nicht als rückständig, vielleicht gar als Hokuspokus, als naiver Glaube etc. bezeichnet, sondern – wenn in der historischen Bewusstseinslage auch anders situiert – unserer Kultur als gleichwertig und für diese auch als bereichernd dargestellt. Es ist, wie mir scheint, eine Perspektive auf andere Kulturen, wie sie heute auch beispielsweise mit Blick auf indigene Ethnien in Australien oder im Amazonas-Gebiet gefordert wird – Menschengruppen, die einstmals als „primitiv" und „der Zivilisation bedürftig" angesehen und vielfach auch aus ihren kulturellen Zusammenhängen vertrieben, wenn nicht sogar vernichtet wurden.

Man könnte allerdings gegen diese Analogie einwenden, dass Steiner durch seine angeblich hellseherisch begründete Beschreibung der Rishis (und aller verwandten historischen Rückblicke etwa auf Mysterien im alten Griechenland) das vollzieht, was man heute kritisch als „kulturelle Aneignung" bezeichnet. Aber die Sache ist doch komplizierter. Mario Vargas Llosa hat den Konflikt, um den es in diesem Diskurs geht, tiefgründig in seinem Roman *Der Geschichtenerzähler* thematisiert. Der Ich-Erzähler berichtet darin von einem guten Freund, einem Ethnologen, der sich intensiv mit indigenen Indianerstämmen im Amazonas-Urwald beschäftigt, allerdings zunehmend auch an den wissenschaftlich begründeten Ansichten über diese Stämme zweifelt, zum Entsetzen des erzählenden Freundes dann sogar die für das moderne Bewusstsein abschreckenden Rituale und Gebräuche der Urwald-

Bewohner als für diese sinnvolle akzeptiert. Er wird dann schließlich, was dem Berichterstatter nur indirekt als Nachricht bekannt wird, integrales und spirituell hochstehendes Mitglied eines dieser Stämme: ein dort so genannter „Geschichtenerzähler". Mich selber hat dieser Roman fasziniert, weil er einen inneren Diskurs anregt, aus dem man nicht so einfach mit einer bestimmten „Lösung" herauskommt. Es ist wohl gerade die poetische Figur maßgebend dafür, dass nicht abstrakt über abschreckende Rituale der Indianer gesprochen wird, sondern über einen *geschätzten Freund*, der mit guten Argumenten *aus seiner Sicht* zunehmend Teil jener fremden Kultur wird – keine der beiden Positionen kann so ohne weiteres gegen die andere ausgespielt werden. Ähnlich kann man den Subtext in Steiners Mysterien- oder Rishi-Anerkennungen als eine Diskursfigur erleben, die als Aufforderung zu verstehen ist, seine Weltsicht auf vergangene und gegenwärtige Kulturen durch eine solche *miterlebende* Wahrnehmung zu beleben und zu bereichern, einer Toleranz, die nicht irgendwelchen naiven multikulturellen Buntheitsmaximen folgt.

Nun ist allerdings das Elementargeister-Erleben der alten Rishis ein von unserem heutigen Naturerleben deutlich unterschiedenes, aber da wir uns dieses Erleben durch Wahrnehmungsübungen erst wieder – nun bewusst und durch das eigene Ich gelenkt – aneignen müssen, entsteht auch ein *Sinnzusammenhang der heutigen „geisteswissenschaftlichen" Naturbetrachtung mit jener längst vergangenen Kultur*. Dies ist, hier exemplarisch aufgezeigt, ein *zweiter „Subtext"*, den man überall bei Steiner finden wird. Alles hängt, von seiner geistigen Seite her betrachtet, mit allem zusammen. So konstituiert sich durch diese Art der historischen Situierung der Naturbetrachtung auch das Gefühl, sich in einem sinnvoll gestalteten geistigen Universum zu bewegen (um das nacherleben zu können, sollte man imaginieren, wie die Naturbetrachtung ohne solche historischen Hinweise und Sinnzusammenhänge mit den diversen Anerkennungs-Gesten für uns erscheinen würde).

Ein aufschlussreicher weiterer „Subtext" ist nun auch zu identifizieren, wenn wir uns einem weiteren Vortrag Steiners zu den Elementargeistern zuwenden, in dem es um die *geistvolle Wahrnehmung von Pflanzen* geht.[21] Er stellt in diesem Fall die *gemütsbildende* Wirkung einer lebendigen Pflanzenbetrachtung heraus. Das Gemüt wird von ihm als eine zwischen Denken und Wollen liegende seelische Qualität charakterisiert. Das kalte, trockene, nüchterne Denken, das geistig auszehrende abstrakte Räsonieren wird von ihm nicht nur hier, sondern in vielen Vorträgen als eine Art Krankheit unserer Zeit charakterisiert. Es komme dagegen für eine gedeihliche menschliche Entwicklung darauf an, seine Gedanken mit Wärme und Enthusiasmus des Fühlens zu durchdringen und zu beleben. „Wir können einen Menschen nur dann gemütvoll nennen, wenn uns in seinen Gedanken, indem er sie zu uns äußert, etwas entgegenströmt von innerer Wärme seines Gemütes. Und wir kommen eigentlich an einen Menschen erst dann heran, wenn er uns gegenüber nicht nur pflichtgemäß, korrekt handelt, wenn er auch der Welt gegenüber nicht nur pflichtgemäß, korrekt handelt, sondern wenn in seinen Handlungen etwas liegt, das uns sehen lässt, es fließt in sie aus der Enthusiasmus seines Herzens, die Wärme, die Liebe für die Natur, für jedes Wesen. So sitzt gewissermaßen in der Mitte des Seelenlebens dieses menschliche Gemüt." Gemütlosigkeit, so Steiner, führe auf Dauer zur Erkrankung der menschlichen Seele. Als tiefgreifende Möglichkeit einer Gemütsbildung wird dann eine anteilnehmende, gefühlvolle *Pflanzenbetrachtung* angeführt; man müsse dabei die eigene Freude und die Schönheit an dieser Pflanze intensiv empfinden. Aber es geht darüber hinaus um noch mehr. „Es genügt wahrhaftig für eine geistige Anschauung nicht, dass wir von Geist und Geist und wieder Geist reden, sondern es ist da nötig, dass wir uns der wahrhaftig

---

21 Steiner, R. (1976): Die Anthroposophie und das menschliche Gemüt. Betrachtungen über die Michael-Idee und ihre wahre Gestalt und über die Wiederbelebung des Michael-Festes. Vier Vorträge Wien 27. 9. bis 1. 10. 1923. Dornach. Hier der zweite Vortrag vom 28. 9. 1923, S. 26–42.

geistigen Beziehungen bewusst werden, die wir zu den Dingen um uns herum haben.“

Wir würden uns, so Steiner, noch nicht hinreichend klarmachen, dass in jeder Pflanze ein elementarisches, ein geistiges Wesen steckt, das gewissermaßen in der Pflanze verzaubert ist. Wir sollten daher bei der Betrachtung der Pflanze uns sagen, dass ein geistiges Wesen darin verzaubert ist. „Diese Lilie, indem sie ihre Blätter, aber namentlich ihre Blüte entfaltet, wartet eigentlich auf etwas. Sie sagt sich: Es werden Menschen an mir vorübergehen, Menschen, die mich anschauen, und wenn genügend Menschenaugen ihren Blick auf mich gerichtet haben werden, dann werde ich – so sagt der Geist der Lilie – aus der Verzauberung entzaubert sein und werde meinen Weg in geistige Welten antreten können! ... Lilien, auf die nicht menschliche Augen blicken, finden ihre Entzauberung auf einem anderen Wege. Denn das erste menschliche Auge, das auf eine Lilie blickt, ruft die Bestimmung hervor, dass diese Lilie durch Menschenaugen entzaubert werde. Es ist ein Verhältnis, das die Lilie zum Menschen eingeht, indem der Mensch zuerst seinen Blick auf die Lilie wirft. Überall in unserer Umgebung sind diese elementarischen Geister, und sie rufen uns eigentlich zu: Schauet doch nicht so abstrakt die Blumen an und macht euch nicht bloß die abstrakten Bilder davon, sondern habt ein Herz, ein Gemüt für das, was geistig-seelisch in der Blume wohnt. Das will durch euch aus seiner Verzauberung erlöst werden. – Und das menschliche Dasein sollte eigentlich eine fortdauernde Erlösung sein verzauberter Elementargeister in den Mineralien, Pflanzen und Tieren. – Eine solche Idee kann in ihrer vollen Schönheit empfunden werden. Aber gerade indem sie im richtigen geistigen Sinne erfasst wird, kann sie auch im Lichte der vollen Verantwortlichkeit empfunden werden, in die sich der Mensch dadurch zum ganzen Kosmos hineinstellt. Und die Art und Weise, wie sich der Mensch in der Gegenwart, in der Zivilisationsepoche der Entwicklung der Freiheit zu den Blumen verhält, ist eigentlich ein Nippen an demjenigen, an dem er eigentlich trinken sollte. Er nippt, indem er sich

Begriffe und Ideen bildet, und er sollte trinken, indem er mit seinem Gemüt sich mit den Elementargeistern der Dinge und Wesenheiten um ihn herum bildet."

Man sollte sich diesen Text zunächst einmal ohne Beurteilung oder Wertung möglichst anschaulich „zu Gemüte führen" und beobachten, welche Gefühle und inneren Bilder er auslöst. Dann wird man allerdings in einem nächsten Schritt feststellen können: Dass man beim Anschauen einer Blume den Ruf vernimmt: „Schau mich doch nicht so abstrakt an (so wie du die Abbildungen einer Blume im Botanik-Lehrbuch der Schule ansiehst), habe vielmehr ein Herz, ein Gemüt für das, was geistig-seelisch in mir wohnt" – das ist eine anrührende, allerdings ebenso eine fremdartige Idee. Aber auch hier gibt es einen „Subtext", der allerdings komplexer situiert ist. Denn vermutlich wird man in experimentellen Imaginationen feststellen, dass ein Unterschied für unser Erleben erzeugt wird, je nachdem, ob wir nur eine sorgfältige Pflanzenbetrachtung vollziehen oder dabei auch an etwas Geistiges denken, das tatsächlich im Prozess der aufmerksamen Anschauung in uns übergeht. In diesem Zusammenhang sollte zunächst bedacht werden, dass Rudolf Steiner Goethes naturwissenschaftliche Schriften sehr gut kannte und ihnen auch zahlreiche Inspirationen verdankte, wie in seinem Werk immer wieder deutlich wird.[22] Goethe ging davon aus, dass man die Pflanze als ein lebendiges, also in der Zeit sich veränderndes Wesen nicht in der üblichen naturwissenschaftlichen analytischen bzw. „zergliedernden" Manier betrachten kann. Es komme vielmehr darauf an, ihre Bildeprozesse mit Begriffen und Beobachtungsmethoden wahrzunehmen, die sich diesen Veränderungen beispielsweise von den Keimblättern über die Blüte bis zur Frucht- und Samenbildung gleichsam anschmiegen. Goethe nennt diese so erscheinende Pflanze sinnlich-übersinnlich, weil der von ihm konstatierte Wechselprozess von Ausdehnung (z. B. in Stängel

22 Z. B. Goethe, J. W. (1980): Die Metamorphose der Pflanzen. Mit Anmerkungen und Einleitung von Rudolf Steiner. Stuttgart.

und Stängelblätter sowie die Blüte) und Zusammenziehung (z. B. in der Blütenknospe oder im Samen) *als dieser Prozess* nicht sinnlich wahrnehmbar ist, sondern aus den „Fußspuren" des Beobachteten erschlossen werden kann. – Es gibt eine ausgedehnte Forschung anthroposophisch orientierter Naturwissenschaftler, durch die diese besondere, anteilnehmende, achtsame und innerlich bewegende Pflanzenbetrachtung veranschaulicht wird, hier ist leider nicht der Platz, darauf einzugehen. Es sollte aber bewusst sein, dass es bei der Anschauung von Pflanzen im hier zu besprechenden Vortrag um eine besondere Form der aufmerksamen, präzisen und miterlebenden Beobachtung geht.[23]

Die Teile der (einjährigen) Pflanze, so Goethes Vermutung, sind jeweils spezifische *Gestaltungsformen des Blattes*, das sich in wechselseitiger Ausdehnung und Zusammenziehung zu Stängeln, Blütenblättern, Staubwerkzeugen usw. metamorphosiert. Die Metamorphose erfolgt durch *sechs Stufen des Ausdehnens und Zusammenziehens*: Aus dem Samen dehnt sich die Pflanze zunächst in Keimblätter, Stängel und Stängelblätter aus, in der Blütenknospe zieht sie sich dann wieder zusammen, sie dehnt sich aus in die Blüte, zieht sich zusammen in Stempel und Staubgefäßen, dehnt sich aus in die Frucht und zieht sich schließlich wieder zusammen in der Samenbildung. Man müsste in diesem Zusammenhang auf Details wie die von Goethe kaum beachtete Wurzelbildung oder auf die von ihm beschriebenen Abweichungen (wie den Frühblütler Huflattich) eingehen – hier geht es aber zunächst nur darum, dass diese Pflanzenbetrachtung den in der Zeit verlaufenden Bildepro-

---

23 Bockemühl, J. (1997): Aspekte der Selbsterfahrung im phänomenologischen Zugang zur Natur der Pflanzen, Gesteine, Tiere und der Landschaft. In: Böhme, G./Schiemann, G. (Hrsg.): Phänomenologie der Natur. Frankfurt/Main, S. 149–189; Schad, W. (Hrsg.) (1982): Goetheanistische Naturwissenschaft Band 2: Botanik. Stuttgart: eine knappe Übersicht auch bei Rittelmeyer, Chr. (2002): Pädagogische Anthropologie des Leibes. Weinheim, S. 28–40; daraus sind auch einige Passagen des folgenden Textes übernommen. Sehr schön gestaltet ist auch das mit vielen Zeichnungen versehene, von Jochen Bockemühl herausgegebene Buch *Erwachen an der Landschaft*. Dornach 1992.

zess imaginiert, also die von Steiner auch für die Schulpädagogik geforderte Aktivierung „bewegter Begriffe“ voraussetzt.[24]

Ein solches reflektierte Bild der Gestaltveränderung ist dann aber *der dem Organismus wesentliche organische Begriff*. Blattfolge, Stängel, Blüte usw. sind aus dieser morphogenetischen Perspektive sozusagen „verfestigte Stationen“ des lebendigen Geschehens. Goethe sieht daher in derartigen „sinnlich-übersinnlichen“ Anschauungen auch keine subjektiven Deutungen; er geht vielmehr davon aus, die konstitutiven Bildeprinzipien der Pflanze anzuschauen, die uns als solche allerdings empirisch nur in ihren „Spuren“ erscheinen. Damit kann auch deutlich werden, warum Goethe seine Betrachtungsart als „exakte Phantasie“ bezeichnete. Da die Bildebewegungen empirisch nicht beobachtbar sind, bedarf es der für Geistiges, Übersinnliches offenen Phantasie, sie überhaupt zu entdecken; aber auch einer Phantasie, die sich nicht wildwüchsig entwickelt, sondern einer im strengen Sinn exakten empirischen Beobachtung folgt. Diese Phantasie erst lässt in immer wieder neuen Ausgestaltungen sehen, was der bloßen Empirie dunkel bleiben muss: ein „bewegendes und gestaltendes Prinzip“, eine „Idee“ der Pflanzenmetamorphose. In seiner Schrift über die *Metamorphose der Pflanzen* schreibt Goethe z. B.: „Den Übergang zum Blütenstande sehen wir *schneller* oder *langsamer* geschehen. In dem letzten Falle bemerken wir gewöhnlich, dass die Stängelblätter von ihrer Peripherie herein sich wieder anfangen zusammenzuziehen, besonders ihre mannigfaltigen äußeren Einteilungen zu verlieren, sich dagegen an ihren unteren Teilen, wo sie mit dem Stängel zusammenhängen, mehr oder weniger auszudehnen …“.

So anschaulich das auch beschrieben wird, so sehr ist hier doch, wie der Biologe Andreas Suchantke kommentiert, die Sinnesanschauung bereits überschritten, die Anschaulichkeit ist eine rein ge-

---

24 Die anthroposophischen „Goetheanisten“ haben dazu zahlreiche naturwissenschaftliche Studien vorgelegt, unter anderem im *Tycho de Brahe-Jahrbuch für Goetheanismus* und dem Folgeperiodikum *Jahrbuch für Goetheanismus*, der neueste Band erschien 2021 als Band 38 der Reihe.

danklich-bildhafte, phantasiemäßige (nicht phantastische!): „Niemals wandelt sich ein fertig ausgebildetes Blatt in ein anderes, und niemals zieht sich ein Blatt zusammen oder verliert seine äußeren Einteilungen. Was beschreibt Goethe da eigentlich? Doch dasjenige, was der sinnlichen Anschauung nicht zugänglich ist, aber sehr wohl von ihr ausgehend nachvollzogen werden kann, wenn sich das Denken demjenigen anschmiegt, was der realen Blattbildung *vorausgeht*, sie anstößt und dirigiert und nach der Bildung eines Blattes zur nächsten weiterschreitet usw. Hier wird – indirekt, als handle sich's um einen mit Augen wahrnehmbaren Ablauf – beschrieben, was sich, abgelesen an dem Gestaltunterschied zwischen den verschiedenen Blättern, im zeitlichen Weiterschreiten von einer Bildung zur anderen *zwischen* den einzelnen Blättern wandelt, sich mal mehr in die Blattbildung hinein ausdehnt, dann wieder stärker zurückzieht und dadurch nur zu verhalteneren, andeutungshaften Formbildungen führt. Die einzelnen realen Blätter sind nur die Ergebnisse und Auswirkungen, die ‚Fußspuren', über die zu dem vorgedrungen wird, was die Spuren verursacht. Die fertige Gestalt der Pflanze wird sozusagen ‚entstaltet' und ein Schritt zurückgetan, vom Bewirkten hin zum Bewirkenden, dessen zeitliche Bewegungen nachgebildet, nachplastiziert werden. Es ist ein Nachschaffen, aber immerhin schon ein tätiges, aktives Denken: exakte Phantasie, ein Denken, das nicht nur das Gewordene registriert, sondern in sich die Bildeprozesse in ihrer dynamischen Zeitgestalt nachvollzieht."[25]

Wenn man Pflanzen in einer solchen Weise betrachtet, kann man bemerken, wie nicht nur eine belebende Wahrnehmung entsteht, sondern auch, dass eine solche sinnlich-übersinnliche, materiell nur indirekt in Erscheinung tretende Idee der Pflanze von diesem Organismus in den Betrachter oder die Betrachterin gleichsam

---

25 Suchantke, A. (1982): Zerstörung: Ende oder Chance zum Neubeginn. Die Drei 12, S. 861–874. Es geht in diesem vor mehr als 40 Jahren geschriebenen Artikel um die Gefahren der Naturzerstörung durch den Menschen.

„übergeht", und zwar als eine durchaus kinetisch erlebte statt nur vorgestellte bewegte Gestalt. Es ist tatsächlich so, dass ein bloßes Anstarren, ein allein empirisches Analysieren der Pflanze diese „Idee" nicht erfassen kann, sie bleibt in der Pflanze „verzaubert". Erst die nicht mehr allein auf den sinnlichen Prozess beschränkte, die konkreten individuellen Pflanzen immer wieder neu in ihrer sinnlich-übersinnlichen Gestalt erfassende *anschauende Urteilskraft* plastiziert jene Organismen innerlich nach und lässt damit diese bewegte Gestalt zu einer des eigenen Bewusstseins werden, das dann den anschauenden Blick seinerseits wieder belebt und belehrt.[26] Das metamorphotische Wachstumsprinzip ist ja tatsächlich für die Pflanze *wesentlich*, aber nur einem aufgeklärten Blick erkennbar – die „Verzauberungs-Metapher" ist daher nachvollziehbar. Und das gilt nicht nur für die Pflanzenbetrachtung, sondern für eine gemütsbildende Naturbetrachtung überhaupt.

Wenn ein Wanderer, auf einem Berggipfel stehend, den weiten und klaren Blick genießt und diese Freude darauf zurückführt, dass er niemals die Bewusstseinsfigur des „klaren Sehens", „des Überblick-Gewinnens" usw. fassen könnte, wenn er dies nicht zuvor *sinnlich* erlebt hätte, dann ist auch das ein solches Übergehen: Das Naturpanorama ist eine materielle Objektivierung, aber auch Verfestigung des geistigen „Weitsehens", „Durchblickens", die Subjektivierung des Naturphänomens wird dagegen „entmaterialisiert" und zur beweglichen Bewusstseinsfigur, die auf verschiedenste Lebensphänomene beziehbar wird.[27] Allerdings: obgleich man in solchen Selbsterfahrungen einen Schritt auf Steiners Elementargeister hin unternimmt, sind diese doch nicht konsequent aus derartigen Überlegungen heraus zu entwickeln. Daher muss noch gründlicher nach möglichen weiteren „Subtexten" dieser Elemen-

26 Goethe, J. W. v. (1981): Anschauendes Denken. Goethes Schriften zur Naturwissenschaft. Frankfurt/M., S. 162 ff.

27 Ausführlich dazu Rittelmeyer, Chr. (2014): Aisthesis. Zur Bedeutung von Körperresonanzen für die ästhetische Bildung. München, Kapitel 4: Bildungslandschaften. Über das Naturschöne. Eine romantische Epistemologie, S. 63–78.

targeister-Berichte gesucht werden, die wegen der konkreten „Verhaltensweisen" dieser Geistwesen durchaus als spiritueller Empirismus erlebt werden können.[28]

Wenn man einmal genauer imaginiert, worin der erlebte Unterschied besteht zwischen einer „geisterlosen", wenn auch goetheanistisch inspirierten Pflanzenbeschreibung und einer Schilderung von Naturgeistern, die das Wesen dieser beschriebenen Organismen erst verständlich machen, dann scheint mir folgende Interpretation naheliegend zu sein: Die naturwissenschaftlich oder auch phänomenologisch analysierte Pflanze wird immer ein „Gegenstand", ein „Objekt" sein, das strikt vom beseelten Menschen zu unterscheiden ist – auch wenn dieser noch so sehr seine Naturliebe betont. Ist der Naturgegenstand indessen „begeistet" oder „beseelt", so tritt er uns in einem gewissen Sinn als *Subjekt* entgegen. Das ist keine ganz neue Idee, die aber – auch in der neueren Naturschutz-Bewegung – noch nicht wirklich Bedeutung erlangt hat. So gab es beispielsweise in den 1980er Jahren eine Gruppierung von Wissenschaftlerinnen und Wissenschaftlern aus der Geologie und Klimatologie, die sich unter Bezugnahme auf die altgriechische „Erdmutter" Gäa als „Gäa-Bewegung" bezeichneten. Satelliten-Beobachtungen von Wetterphänomenen, Berechnungen der sich dauernd rhythmisch verändernden Erd-Magnetfelder und viele andere Phänomene ließen aus der Sicht dieser Forschenden die Erde als „atmenden Planeten", als lebendiges Wesen erscheinen, das nach einem schützenden, sorgsamen, wertschätzenden Umgang verlangt.[29] Und mit Blick auf eine Bemerkung Herbert Marcuses schrieb Jürgen Habermas in seinem Werk *Technik und Wissenschaft als ‚Ideologie'* schon im Jahr 1969, längst vor jeder Umweltschutz-Bewegung: „Statt Natur als Gegen*stand*

28 Wie erwähnt, betont Steiner wiederholt, dass die „geistige Welt" eigentlich mit unseren Begriffen nicht zu beschreiben ist, also von den „Sehern und Seherinnen" in unsere Sprachen übersetzt werden muss, was dann zu solchen empirisch anmutenden Aussagen führe.

29 Gribbin, J. (Hrsg.) (1986): The Breathing Planet. Oxford

möglicher technischer Verfügung zu behandeln, können wir ihr als Gegen*spieler* einer möglichen Interaktion begegnen. Statt der ausgebeuteten Natur können wir die brüderliche suchen. Auf der Ebene einer noch unvollständigen Intersubjektivität können wir Tieren und Pflanzen, selbst den Steinen, Subjektivität zumuten und mit Natur *kommunizieren*, statt sie, unter Abbruch der Kommunikation, nur zu *bearbeiten*. Und eine eigentümliche Anziehungskraft, um das mindeste zu sagen, hat jene Idee behalten, dass eine noch gefesselte Subjektivität der Natur nicht wird entbunden werden können, bevor nicht die Kommunikation der Menschen untereinander von Herrschaft frei ist. Erst wenn die Menschen zwanglos kommunizieren und jeder sich im anderen erkennen könnte, könnte womöglich die Menschengattung Natur als ein anderes Subjekt – nicht, wie der Idealismus wollte, sie als ihr Anderes, sondern sich als das Andere dieses Subjektes – erkennen."[30]

Habermas betont einen Zusammenhang zwischen diesem „Zum-Subjekt-Werden" der Natur und einer herrschaftsfreien Gesellschaft – ein Gedanke, den Steiner in einer ganz anderen Weise mit Blick auf die „Verantwortlichkeit" und das kosmische Einbezogensein in der zitierten Blumen-Passage äußert.[31] Wenn nun der „Subtext" der Schilderungen solcher in Pflanzen existierenden Elementargeister darin besteht, die Pflanzen als *Subjekte* betrachten zu können, die ich sogar „entzaubern" oder „erlösen" kann, wenn sie mir gleichsam „sprechend" und intentional begegnen, ohne dass sie allerdings anthropomorphisiert werden (wovor gerade eine phänomenologisch-goetheanisch geschulte Betrachtungsweise bewahren kann), dann erscheint dieses Deutungs-

30 Habermas, J. (1969): Technik und Wissenschaft als „Ideologie". Frankfurt/M., S. 57.

31 Rudolf Steiners Ideen zur politisch-ökonomischen Verwirklichung der Ideale Freiheit, Gleichheit und Brüderlich- bzw. Geschwisterlichkeit wären in diesem Zusammenhang gesondert zu untersuchen. Vgl. Steiner, R. (1920): Die Kernpunkte der sozialen Frage. Stuttgart.

muster als eine erstaunlich zeitgemäße, zukunftsweisende Naturauffassung. Denn eine wirkliche Bewahrung der Natur, wie sie von Initiativen wie „Fridays for Future" etc. im öffentlichen Bewusstsein als *die* Zeitaufgabe verankert wird, ist ohne ein solches Verhältnis zur Natur, wie mir scheint, kaum vorstellbar. In einer derartigen Interpretationsfigur könnten Menschen, die Steiners Elementargeister-Lehre eher ablehnen, sehr wohl aber den Subtext befürworten, mit jenen Menschen zusammenkommen, denen die Darstellungen Steiners unmittelbar einleuchten. Mit Blick auf die zitierte Passage scheint mir jedoch darüber hinaus bemerkenswert zu sein, dass Rudolf Steiner diese Form der Naturbetrachtung auch für eine Handlungsform hält, die das menschliche Gemüt bildet. Es ist in dieser Hinsicht wichtig, derartige Ideen so aufzunehmen, wie sie von ihm sprachlich formuliert wurden: der Appell an das menschliche Gemüt ist dann deutlich zu erkennen, irgendeine Form der Wissenschaftsprosa wäre hier nicht geeignet.

Vielleicht ist in diesem Zusammenhang eine kleine historische Episode aufschlussreich, die einen brieflich ausgetragenen Streit zwischen dem Philosophen Johann Gottlieb Fichte und dem Verfasser der *Briefe über die ästhetische Erziehung des Menschen*, Friedrich Schiller, betrifft.[32] Der „Bilderreichtum" in Schillers philosophischem Werk, so Fichtes Kritik, fessele die Einbildungskraft der Leserschaft, statt sie frei zu lassen. Schiller hingegen entgegnete, dass er der „beständigen Tendenz folge, neben der Untersuchung selbst das Ensemble der Gemüthskräfte zu beschäftigen, und so viel als möglich auf alle zugleich zu wirken. Ich will also nicht nur meine Gedanken dem anderen deutlich machen, sondern ihm zugleich meine ganze Seele übergeben, und auf seine sinnlichen Kräfte wie auf seine geistigen wirken." Ich vermute, dass man unter dieser auf Fichte und Schiller bezogenen Diskurs-Perspektive auch

---

32 Johann Gottlieb Fichte: Briefwechsel 1793–1795. Herausgegeben v. R. Lauth und H. Jacob. Stuttgart-Bad Canstatt 1970, S. 333ff. Fichtes Text trug den Titel *Briefe über Geist und Buchstaben der Philosophie.*

zahlreiche der oft fremdartig wirkenden Redeformen Steiners betrachten kann!

Wie eben schon erwähnt, ist mit Blick auf die „Begeistung“ von betrachteten Pflanzen Rudolf Steiners Hinweis auf das Entstehen von *Verantwortungsgefühlen* diesen beseelten und wertgeschätzten Organismen gegenüber bedeutsam. Auch dies ist ein wichtiges Element der Gemütsbildung. „Gerade die Erhöhung des Verantwortlichkeitsgefühls ist das Schönste und Bedeutsamste, was wir gewinnen können aus der Geisteswissenschaft.“[33] Man kann übrigens einen umfassenden *Bildungsaspekt* im „Subtext“ der Elementargeister-Lehre erkennen, insofern das Gefühl von Verantwortlichkeit für das Weltgeschehen (z. B. beim Blumenbetrachten) eine *ethische* Perspektive voraussetzt und bildet, während das Erkennen von Pflanzen in ihrem Lebenszusammenhang und in ihrer bewegten Gestaltwerdung eine *epistemische* Aktivität darstellt, schließlich betont das von Steiner erwähnte Schönheitsempfinden eine *ästhetische* Sichtweise. In dieser Hinsicht bietet sich auch eine neue Sichtweise auf das „Wahre, Schöne und Gute“ an, das Steiner ebenfalls als eine durch Elementarwesen inspirierte Trias beschrieb.[34]

Überleitend auf das folgende Hauptkapitel möchte ich noch einen Gedanken anfügen, der für die kontroversen Diskussionen um „esoterische“ und „wissenschaftliche“ Aspekte der Anthroposophie bedeutsam sein könnte. Wenn man die hier vorgenommene Unterscheidung in Haupt- und Subtexte beachtet, dürfte die Vermutung naheliegen, dass im heutigen Verständnis *wissenschaftlich orientierte* Menschen den „Haupttext“ – etwa über die Elementargeister – eher skeptisch lesen, den „Subtext“ aber bewusst oder unbewusst positiv assoziiert „mitlesen“. *In der Anthroposophie beheimatete* Menschen werden hingegen – aus welchen Motiven

33 Vortrag vom 12. April 1909: Erlösung der Elementarwesen durch den Menschen. In: Klünker, W. U. (Hrsg.): Geistige Wesen in der Natur. Stuttgart 1992, S. 76f.

34 Vortrag vom 16. Dezember 1922: Das Wahre, Schöne und Gute und die Elementarwesen. In: Klünker, W. U. (Hrsg.): Geistige Wesen in der Natur. Stuttgart 1992, S. 134–149.

auch immer – in beiden Textsorten keinen Widerspruch empfinden. Ein interessantes *Problem für die erstgenannte Gruppe* scheint mir nun darin zu bestehen, dass beispielsweise eine „Subjektwerdung“ der Pflanzen, die im Goetheschen Sinn mit „anschauender Urteilskraft“ betrachtet werden, eigentlich nur durch den Gedanken einer solchen „Begeistung“ der Flora einleuchtend und nachfühlbar wird. Das dürfte aber für diese Gruppe die Frage wachrufen, ob eine zukünftige Naturkunde auf eine genau diese Erfahrung leistende „Weltanschauung“ begründet werden kann, die tatsächlich mit ihrer Wissenschaftsauffassung auch kompatibel ist. Damit ist ein Problem angesprochen, das Rudolf Steiner immer wieder beschäftigt hat, für das er aber von seinen Voraussetzungen her keine Lösung anbieten konnte, denn für ihn bestand dieser Konflikt nicht, er war ihm nur als Kardinalproblem bewusst. Dazu nun einige Hinweise.

IV. Der Konflikt zwischen „Wissenschaft" und „Esoterik"

Wenige Jahre vor seinem Tod, in einer Zeit erheblicher inneranthroposophischer Krisen und Konflikte, eröffnete Rudolf Steiner einen Vortrag mit dem Hinweis, dass er in den letzten Jahren eine schmerzlich empfundene zunehmenden Entfremdung von Gruppen innerhalb der anthroposophischen Gesellschaft wahrnehme.[35] Auf der einen Seite würden eher ältere, mit anthroposophischen Inhalten vertraute Mitglieder zu finden sein, auf der anderen eher Jüngere mit auch wissenschaftlichen Interessen und Orientierungen. „Dieses Vertrautsein bestand ja und besteht darin, dass Menschen sich hier innerhalb der anthroposophischen Bewegung zu engerem Kreise zusammenschließen, die aus ihrem Herzen heraus die Sehnsucht nach einem Hineinleben in die geistige Welt haben. Und das ist das Wesen des esoterischen Sprechens, dass man immer die Voraussetzung hat, Menschen mit solchen Sehnsuchten als Zuhörer vor sich zu haben." Auch vor größerem Publikum sei in früheren Vorträgen dieser esoterische Charakter in einem gewissen Sinn immer gewahrt worden, obwohl man „in den Denk- und Sprachformen sprechen (muss), die nun einmal diejenigen des heutigen Zeitalters sind, so wie sich dieses Zeitalter von außen darstellt; aber unsere älteren Mitglieder werden doch empfunden haben, dass auch bei den größeren Veranstaltungen es sich immer handelte um eine Fortsetzung des in esoterischen Kreisen Gepflogenen. Heute werden aber diese älteren Mitglieder, wenn sie zu unseren größeren Veranstaltungen kommen, eben mit einem gewissen Schmerz erfahren, dass, scheinbar wenigstens, eine andere Sprache

35 Steiner, R. (1941): Anthroposophie als ein Streben nach Durchchristung der Welt. Vortrag in Wien am 11. Juni 1922. Dornach

gesprochen wird, als dies früher der Fall war. Was früher unmittelbar aus dem, ich möchte sagen, esoterisch-Elementarischen heraus gesprochen worden ist, das hört man gegossen in die Formen des heutigen wissenschaftlichen Lebens." Früher, so diese esoterisch geschulten Menschen, sei man viel schneller zu den Erkenntnissen und Impulsen der geistigen Welt gekommen, die wissenschaftliche Einkleidung werde demgegenüber als Barriere erfahren und interessiere im Grunde nicht. „Viele dieser älteren Mitglieder sagen: Das ist im Grunde genommen etwas, was uns weniger interessiert. Und sie empfinden es gewissermaßen als einen Verlust, dass die anthroposophische Bewegung nicht stehen geblieben ist bei der älteren Form." Trotzdem, so Steiner, habe er niemals versucht, die Anthroposophie auf ungute Weise zu popularisieren und zu erzählen, was andere schon wissen, „denn es gehört dazu, dass man Mühe haben muss, hinter das zu kommen, was hier vertreten wird."

Die inzwischen weite Verbreitung anthroposophischer Schriften habe allerdings auch Wissenschaftler auf den Plan gerufen, die wohlwollend nach Beziehungen zwischen wissenschaftlichen Erkenntnissen und anthroposophischen Aussagen suchten. „Kein Wunder also, dass auch die Notwendigkeit auftrat, sich mit der Wissenschaft auseinanderzusetzen! Und weiter – kein Wunder, dass eine größere Anzahl von Freunden, die gerade wissenschaftlich geschult, sich es als eine besondere Aufgabe setzten, zu zeigen, dass wirklich mit jedem Grad von Wissenschaftlichkeit heute die Anthroposophie auf allen Gebieten vor die Welt hintreten kann und als gerechtfertigt erscheinen kann. Es ist also die Wirklichkeit, die das gefordert hat. Und wenn Sie heute in wissenschaftlichen Klängen dasjenige verkünden hören, was früher in anderer Form verkündet worden ist, so ist das nicht die Schuld der anthroposophischen Bewegung, sondern ihr Schicksal." Es gehe daher nicht darum, die Anthroposophie der Wissenschaft anzunähern, sondern die Wissenschaft mit Anthroposophie zu durchdringen – was durch „fachlich geschulte Freunde … zu unserer tiefsten Befriedigung" auch geschehe. Die „Kluft zwischen exoterischer und esoterischer Anthroposophie“ müsse überbrückt werden, „in dieser Hinsicht ist uns ja die anthroposophische Bewegung in gewisser Weise über den Kopf gewachsen“, daran müsse gearbeitet werden. Steiner betont dann die Wichtigkeit eines Zusammengehens dieser Fraktionierungen und Gruppierungen auch bei unterschiedlichen Zugangsweisen: „Anthroposophie erfordert als Sache wirklich menschliche Brüderlichkeit bis in die tiefsten Tiefen der Seele hinein.“ Es geht dabei also um die wichtige Frage, wie eher „esoterisch“ oder eher „wissenschaftlich“ orientierte Mitglieder der anthroposophischen Gesellschaft eine Form gemeinsamen Arbeitens finden können, die solche unterschiedlichen Orientierungen davor bewahrt, sozial destruktiv zu wirken.

Unter dem Titel „Worte des Schmerzes“ ermahnte Steiner in einem Vortrag in Stuttgart am 25. Januar 1923, nur wenige Tage nachdem das Goetheanum einem Brandanschlag zum Opfer gefallen war, gerade die wissenschaftlich orientierten Anthroposophen, diese Gemeinschaftsbildung im Auge zu behalten: Die anthroposophischen Initiativen, gleichsam „Kinder“, sollten der anthroposophischen Gesellschaft als „Mutter“ nicht die Zuwendung entziehen. Wissenschaftler würden in den Versammlungen und Gremien oft so sprechen, wie es in ihrer Disziplin üblich ist. Sie sollten aber immer bedenken, für ihre Wissenschaft aus der Anthroposophie Impulse erhalten zu haben, sie müssen daher der Mutter eingedenk sein und, was sie gefunden haben, an die anthroposophische Gesellschaft zurückgeben.

Diese zitierten Bemerkungen machen auf ein eigenartiges Dilemma aufmerksam, in dem sich Rudolf Steiner befand. Einerseits lebte er, an der Technischen Hochschule in Wien unter anderem auch in Mathematik und Naturwissenschaften ausgebildet, nicht nur in einer Zeit und Weltregion, in der insbesondere die Naturwissenschaften und die auf ihnen basierenden technischen Errungenschaften ihre Siegeszüge antraten. Auch das wissenschaftlich geprägte Weltbild um 1900 stand seiner Art der okkulten Erkenntnisgewinnung diametral entgegen. Die Anthroposophie hätte sicher nicht eine erhebliche Attraktivität auch unter wissenschaftlich gebildeten Menschen gefunden, wenn sie sich nur auf Okkultismus, Mystik oder Theosophie als wahre Erkenntnismethoden bezogen hätte. Und lässt man sich auf den Sprachduktus Steiners wirklich ein, dann wird man bemerken können, dass er das Lob der Wissenschaften nicht in taktischer oder strategischer Absicht, sondern aus Überzeugung vorgetragen hat, allerdings mit Einschränkungen, auf die gleich zurückzukommen sein wird. In seinem Schriften- und Vortragswerk finden sich immer wieder Hinweise nicht nur auf die großen Verdienste der akademischen Wissenschaften (einschließlich der gerade entstehenden Psychologie und Sozialwissenschaften sowie der Historiographie), die Methoden dieser Erkenntnis-Disziplinen werden von ihm darüber hinaus sogar als wegweisend auch für die Geisteswissenschaft dargestellt. Diese Wertschätzung kommt ziemlich überraschend sogar im Untertitel eines seiner philosophischen Hauptwerke zum Ausdruck: Die *Philosophie der Freiheit* trägt den Untertitel *Grundzüge einer modernen Weltanschauung. Seelische Beobachtungsresultate nach naturwissenschaftlicher Methode.*[36] Gerade für die geisteswissenschaftliche Forschung ist, so Steiner, ein an den naturwissenschaftlichen Denkformen geschultes Bewusstsein grundlegend. „Ich glaube deshalb auch nicht, und sage das ganz unumwunden, dass zu einem wirklichen geisteswissenschaftlichen Erkennen derjenige kommen kann, der nicht im strengen Sinne des Wortes eine naturwissenschaftliche Disziplin sich erworben hat, der nicht forschen und denken gelernt hat in den Laboratorien und durch die Methode der neueren Naturwissenschaft.“[37]

---

36 Die erste Auflage erschien in Berlin 1894. Siehe dazu auch seine naturwissenschaftlichen Vorträge: Steiner, R. (1964): Geisteswissenschaftliche Impulse zur Entwicklung der Physik. Zehn Vorträge, gehalten in Stuttgart vom 23. Dezember 1919 bis 3. Januar 1920. Dornach.

37 Steiner, R. (1948): Grenzen der Naturerkenntnis. Vorträge vom 27. September bis zum 3. Oktober 1920, Dornach. Hier der 3. Vortrag vom 20. September 1920.

Andererseits gab es für ihn – und das wird im gesamten Werk ebenfalls immer wieder bekundet – keinen Zweifel daran, dass die Erkenntnisse der Natur-, Sozial- und Geschichtswissenschaften unzureichend, vielfach auch irreführend bleiben, wenn sie die geistigen Hintergründe ihrer Erkenntnisgegenstände und -methoden nicht erkennen. Eine erstzunehmende und wirklichkeitsgemäße akademische Wissenschaft müsse daher – so wichtig sie auch in ihrer gegenwärtigen Form für den Fortschritt der Menschheit sei – durch Geisteswissenschaft aufgeklärt werden. Es geht daher, wie eben zitiert, nach Steiners Meinung nicht darum, die Anthroposophie der Wissenschaft anzunähern, sondern die Wissenschaft mit Anthroposophie zu durchdringen – was durch „fachlich geschulte Freunde … zu unserer tiefsten Befriedigung" auch geschehe. Aber diese Freunde mit wissenschaftlichem Hintergrund sind wohl mitunter eben jene Menschen, die sich von den eher esoterisch orientierten Anthroposophen abgrenzen. Steiners Mission einer möglichst weiten Verbreitung der Anthroposophie zum Wohle der Menschheit ist damit gefährdet, sie verträgt keine Fraktionierungen. Und wenn man diese sorgenvollen Gedanken Rudolf Steiners exemplarisch auf seine zuvor zitierten Schilderungen von *Elementargeistern der Natur* bezieht, dann kann man sich vorstellen, dass es Menschen gibt, die das Berichtete unmittelbar einleuchtend und vielleicht auch eigenen Erlebnissen entsprechend finden, während andere (und durchaus Interessierte) sich fragen, wo es empirische Belege für solche Behauptungen und Berichte gibt. Dass es „eine größere Anzahl von Freunden" gibt, die wissenschaftlich geschult sind und es sich als eine besondere Aufgabe setzten, zu zeigen, „dass wirklich mit jedem Grad von Wissenschaftlichkeit heute die Anthroposophie auf allen Gebieten vor die Welt hintreten kann und als gerechtfertigt erscheinen kann", ist eine Position, die Steiner in seinem Vortragswerk durchaus auch kritisch sieht. Denn es ist klar, dass Erkenntnisse, die seiner Selbstbekundung nach gerade jenseits der Empirie durch übersinnliche „Geistesforschung" gewonnen wurden, an Stringenz verlieren würden, wenn ihre Wahrheit erst durch wissenschaftliche Untersuchungen aufgewiesen werden müsste.

Möglicherweise auch mit Blick auf dieses Dilemma betonte Steiner häufig die Notwendigkeit, geisteswissenschaftliche Erkenntnisse *praktisch werden zu lassen*, sie also für ein besseres Leben der Menschen in verschiedenen Lebensgebieten fruchtbar zu machen: auch hier können sie sich im Sinne einer pragmatischen Wahrheitstheorie „bewähren".[38] Geisteswissenschaft sei nicht für Schwärmer oder Träumer bestimmt, auch keine Sekte, sondern lebenspraktische Inspirationsquelle.[39] Denn von jeder Art des Mystizismus, Spiritismus oder visionärem Hellsehens musste Steiner sich distanzieren, wenn sein Wissenschaftsanspruch überhaupt ernst genommen werden sollte. Er unterschied das *denkende* vom *visionären Hellsehen*, dem Letzteren fehle das Erlebnis, *mit seinem Ich im geistigen Wahrnehmungsprozess aktiv dabei gewesen zu sein.*[40] Aber auch *anthropologische und soziale* Einbettungen der anthroposophischen Wissenschaft waren ihm wichtig und wohl für die Wirkung des Ausgeführten auf verschiedene Menschengruppen bedeutsam. So begrüßte er in einem Vortrag am 6. September 1922 in Dornach seine Gäste im fertig gestellten Goetheanum mit Hinweisen auf den „hier zu pflegenden Geist, ein Geist, der nicht aus einer menschlichen Einseitigkeit hervorgeht, sondern aus dem vollen, umfassenden Menschentum."[41] Der Bau des Goetheanums sei internationalen Anstrengungen zu verdanken und die Arbeit in

---

38 Rittelmeyer, Chr. (2011): Gute Pädagogik – fragwürdige Ideologie? Zur Diskussion um die anthroposophischen Grundlagen der Waldorfpädagogik. In: Loebell, P. (Hrsg.): Waldorfschulen heute. Eine Einführung. Stuttgart, S. 327–347.

39 Steiner, R. (1977): Die Erneuerung der pädagogisch-didaktischen Kunst durch Geisteswissenschaft. Vierzehn Vorträge gehalten für Lehrer und Lehrerinnen Basels und Umgebung vom 20. April bis 11. Mai 2020. Dornach, 1. Vortrag.

40 Steiner, R.: Vortrag „Über das rechte Verhältnis zur Anthroposophie" in Stuttgart am 11. November 1909

41 Rudolf Steiner: Vortrag in Dornach am 6. September 1922: Die drei Schritte der Anthroposophie. In: Steiner R. (1980): Die Philosophie, Kosmologie und Religion in der Anthroposophie. Zehn Vorträge vom 6. bis 15. September 1922, Dornach. (Sogenannter „Französischer Kurs").

dieser neu gegründeten Hochschule für Geisteswissenschaft sollte aus diesem „internationalen Geist“ hervorgehen. Dieser Geist lebt aus „spiritueller Wissenschaft, spiritueller Kunst und wahrhafter Religion“, und die hier erworbene spirituelle Erkenntnis soll „Grundlage für die Befruchtung des Lebens nach seinen verschiedenen Seiten“ hin sein. Dann kam er auch in diesem Vortrag auf die Forderung nach Wissenschaftlichkeit der Anthroposophie zu sprechen, aber ebenso auf die notwendige Abgrenzung der Geisteswissenschaft gegen „mancherlei“, was heute unter den Begriffen Okkultismus und Mystik betrieben und verstanden wird, die in Wahrheit auf überholten Traditionen beruhen würden und nicht selten der Befriedigung von Eitelkeiten der „Eingeweihten“ diene. „Was hier als spirituelle Erkenntnis getrieben wird, soll durchaus rechnen mit dem, was dem Geiste moderner naturwissenschaftlicher Erkenntnis im strengsten Sinne des Wortes entspricht.“ „Hier soll eine wissenschaftliche Methode für die Erkenntnis des Übersinnlichen ausgebildet werden, so streng, so exakt, so wissenschaftlich, wie dies für die wissenschaftlichen Methoden heute auf dem Gebiet der Naturforschung verlangt wird.“ Zum Zweck der „Erforschung übersinnlicher Welten“ gelte es, „aus den Tiefen der Menschenseele heraus diejenigen Kräfte zu suchen, die als Erkenntniskräfte in das Übersinnliche so eindringen können, wie die Kräfte der äußeren Sinne in die physisch-sinnliche Welt“ eindringen, Steiner sprach in diesem Zusammenhang vom „Seelenblick“ oder vom „Geistesauge“. In diesem Vortrag vermutlich an sein „rationales“ französisches Publikum gerichtet, wiederholt er mehrfach seine Forderung, Geisteswissenschaft mit klarem Blick hellsichtig und als „exakte Clairvoyance“ jenseits irgendeiner Mystik zu betreiben, ferner auch Sorge für die innere Durchschaubarkeit der Methode und Erkenntnisse zu tragen. Diese spirituelle Wissenschaft, so Steiner, wird dann auch die exakte Naturwissenschaft gleichsam krönen. „Die spirituelle Erkenntnis, die hier gesucht wird, soll den ganzen Menschen ergreifen und aus dem ganzen Menschen kommen, nicht aus einer einzelnen menschlichen Fähigkeit.“

Und in Gestalt einer Art Definition der Anthroposophie betonte Steiner: „Unter Anthroposophie verstehe ich eine wissenschaftliche Erforschung der geistigen Welt, welche die Einseitigkeiten einer bloßen Natur-Erkenntnis ebenso wie diejenigen der gewöhnlichen Mystik durchschaut, und die, bevor sie den Versucht macht, in die übersinnliche Welt einzudringen, in der erkennenden Seele erst die im gewöhnlichen Bewusstsein und in der gewöhnlichen Wissenschaft noch nicht tätigen Kräfte entwickelt, welche ein solches Eindringen ermöglicht."[42] In einem Vortrag, in dem es um die Namensgebung für den nach dem Abbrennen des ersten Goetheanums neu entstehenden Goetheanum-Bau in Dornach ging, betonte Steiner: „Anthroposophie will zunächst sein eine Erkenntnis der geistigen Welt, welche sich durchaus an die Seite stellen kann dem, was wir heute in einer so großartigen Weise als Naturwissenschaft haben. Sie will sich an die Seite stellen dieser Naturwissenschaft sowohl durch wissenschaftliche Gewissenhaftigkeit, wie auch dadurch, dass derjenige, der in ernster Weise nicht bloß Anthroposophie in sein Gemüt *aufnehmen*, sondern sie *aufbauen* will, dass der vor allen Dingen durchgegangen sein muss durch alle die strengen und ernsten Methoden, welche die Naturwissenschaft heute übt."[43]

In einem Vortrag zum Thema „Urteilsbildung auf Grund von Tatsachen" mahnte Steiner an, das aktive Mitdenken als ebenfalls naturwissenschaftlich inspiriert auch auf seine „Tatsachen-Schilderungen aus der geistigen Welt" zu beziehen, er richte deshalb seine entsprechenden Vorträge immer so ein, dass seine Zuhörer bzw. Zuhörerinnen sich aufgrund dieser Mitteilungen ihr eigenes Urteil bilden können.[44] Dies, weil wir seit der frühen Neuzeit – und weit in die Zukunft hinein – im Zeitalter der „Bewusstseinsseele" leben, „das heißt derjenigen inneren Seelenverfassung, in der es primär

42 Steiner, R. (1948): Philosophie und Anthroposophie. Vorbemerkung. Düsseldorf.
43 Steiner, R. (1923): Was wollte das Goetheanum und was soll die Anthroposophie? Vortrag in Basel am 9. April 1923. Dornach.
44 Vortrag in Stuttgart am 30. Januar 1923.

darauf ankommt, dass die Menschen als Individuen sich aus den Impulsen ihrer Seelen heraus selber ihr Urteil bilden, dass die Menschen lernen, die Tatsachen in unbefangener Weise auf sich wirken zu lassen, um aus dem vollen Bewusstsein heraus ihr Urteil zu bilden". Die Anthroposophie soll daher keines Menschen Urteil beeinflussen, sondern nur die Grundlagen für ein selbständiges und aufgeklärtes Urteilsvermögen schaffen. Mit Blick auf den aus einem solchen Anspruch hervorgehenden Lektüretyp weist Steiner darauf hin, dass man seine Vortrags-Zyklen nicht wie moderne Romane lesen soll, es komme stattdessen darauf an, sie *besonnen und selbständig miterlebend* auf sich wirken zu lassen. Menschen allerdings, die einen Beweis für das Geistige wie für naturwissenschaftliche Gegenstände verlangen, kennen Steiner zufolge den wesentlichen Unterschied zwischen Anschauungen auf geistigem und solchen auf sinnlichem Gebiet nicht. Was die Grundhaltung des geisteswissenschaftlichen Studiums betrifft, muss auf anthroposophischem Gebiet völlige Unabhängigkeit herrschen, Opportunismus oder Kameraderie seien zu vermeiden. „Anthroposophie beginnt überall mit Wissenschaft, belebt ihre Vorstellungen künstlerisch und endet mit religiöser Vertiefung".

Diese religiösen Bezüge sind jedoch bei Steiner, der ein konfessionsfreies, geisteswissenschaftlich inspiriertes Christentum deklariert, keine Abspaltung aus der Anthroposophie. In einem Vortrag, in dem er sich mit der Stellung der Bewegung für religiöse Erneuerung (Christgengemeinschaft) zur anthroposophischen Bewegung befasst, kommt er auch auf sein *kritisches* Wissenschaftsverständnis zurück:[45] „Hier an diesem Orte habe ich es öfters ausgesprochen, wie in älteren Zeiten der Menschheitsentwicklung eine harmonische Einheit umschlossen hat Wissenschaft, Kunst und Religion." Auf neue Weise sei diese Einheit anzustreben. In der anthroposo-

45 Steiner, R. (1976): Das Verhältnis der Sternenwelt zum Menschen und des Menschen zur Sternenwelt/Die geistige Kommunion der Menschheit. Zwölf Vorträge, gehalten vom 26. November bis 30. Dezember 1922, Dornach. Hier Elfter Vortrag 30. Dezember 1922, S. 162–176.

phischen Gesellschaft sollen die hier gewonnenen Erkenntnisse die Herzen ergreifen, in das Geistesleben Eingang finden. Es komme nicht darauf an, mit Erkenntnissen aus den jeweiligen Wissenschaften, in die man als Anthroposoph gestellt ist, die Anthroposophie bereichern oder aufklären zu wollen – umgekehrt gehe es gerade darum, diese Wissenschaften durch Anthroposophie zu beleben. Sie soll nicht chemisch oder biologisch werden, wie Chemie und Biologie heute sind. „Das darf durchaus nicht sein. Das würde an den Lebensnerv der anthroposophischen Bewegung gehen. Es handelt sich darum, dass die anthroposophische Bewegung ihre spirituelle Reinheit, aber auch ihre spirituelle Energie bewahre."

Zum Verhältnis der Anthroposophie zur „Bewegung für religiöse Erneuerung", der späteren „Christengemeinschaft", führt er dann aus, dass junge Theologen ihn vor einigen Jahren gebeten hätten, Hinweise auf ein wieder vertieftes Christentum, auf eine entsprechende Bewegung zu geben. Er sei diesem Wunsch nachgekommen, aber ausdrücklich in Abgrenzung zur Anthroposophie. Strikt müsse diese neu entstandene Christengemeinschaft *als eine außeranthroposophische Bewegung verstanden werden*. Er sei daher auch nicht an der Gründung dieser Religionsgemeinschaft beteiligt gewesen. „Daher muss streng unterschieden werden zwischen dem, was anthroposophische Bewegung ist, dem, was Anthroposophische Gesellschaft auch ist, und demjenigen, was die Bewegung für religiöse Erneuerung ist. Und es ist wichtig, dass man nicht die Anthroposophie für die Begründerin dieser Bewegung für religiöse Erneuerung hält." Und etwas später, nach weiteren Abgrenzungshinweisen: „Diejenigen, die den Weg einmal in die Anthroposophische Gesellschaft gefunden haben, brauchen keine religiöse Erneuerung. Denn was wäre die Anthroposophische Gesellschaft, wenn sie erst religiöse Erneuerung brauchte!"

In der Tat konnte – auch dabei geht es um „Subtexte" – die Gleichsetzung der „Geisteswissenschaft" mit einer Religionsgemeinschaft nahelegen (wie das bis heute oft geschieht), die Anthroposophie als „Sekte“ oder religiöse Konfession zu deklarieren, während für Steiner gerade ihr wissenschaftlicher Anspruch *wesentlich* war. Das Problem, um das es hier geht, hat die schwedische Schriftstellerin Selma Lagerlöf (1858–1914) sicher treffend so umschrieben: Steiner „verkündet einige Lehren, an die ich lange geglaubt habe, unter anderem, dass es in unserer Zeit nicht angeht, eine Religion voll unbewiesener Wunder anzubieten: sondern die Religion muss eine Wissenschaft sein, die bewiesen werden kann, es gilt nicht mehr zu glauben, sondern zu wissen. Weiter, dass man sich selber durch ein festes, bewusstes, systematisches Denken Kenntnis von der Geisteswelt erwerben kann. Man soll nicht dasitzen wie ein träumender Mystiker, sondern durch Anstrengung seines ganzen Denkvermögens dahin gelangen, die Welt, die uns verborgen ist, zu sehen. Das ist wahr und richtig, und dazu ist alles bei ihm vertrauenswürdig und klug, ohne Charlatanerie.“[46]

Dass die von Steiner vielfältig hervorgehobene Beschäftigung mit den Methoden der Naturwissenschaften für das anthroposophische Selbstverständnis zwar grundlegend ist, diese Schulung des Denkens jedoch „den ganzen Menschen ergreifen und aus dem ganzen Menschen kommen“ soll, „nicht aus einer einzelnen menschlichen Fähigkeit“, dass darüber hinaus Künstlerisches und Religiöses *Weiterentwicklungen* der wissenschaftlichen Schulung in der Anthroposophie sein sollen, weist allerdings darauf hin, dass er ein erweitertes Aufgabenverständnis für die Wissenschaften im Blick hat. Das wird noch deutlicher in einem sehr sachlich gehaltenen Vortrag, in dem er offenbar für ein auch nichtanthroposophisches Publikum versucht, seine Lehre aus den Zeitproblemen der Gegenwart herzuleiten.[47] Ein Bericht von John Maynard Keynes über die Bedingungen des Versailler Friedensschlusses nach dem

46 Aus: Kugler, W. (2001): Rudolf Steiner. Wie manche ihn sehen und andere wahrnehmen. Stuttgart, S. 105.

47 Steiner, R. (1950): Geisteswissenschaft und die Lebensforderungen der Gegenwart. Vorträge aus dem Jahr 1920. Dornach. Darin ein in Stuttgart gehaltener Vortrag vom 2. März 1920: Geist und Ungeist in ihren Lebenswirkungen.

ersten Weltkrieg gibt ihm Anlass, über erschreckende Formen der Uninformiertheit, Oberflächlichkeit und Rückwärtsgewandtheit der beteiligten Politiker nachzudenken, es fehle jede Vision, was nun positiv aus der Weltkriegskatastrophe und dem Friedensvertrag für Europa hervorgehen könnte. Steiner betont in diesem Zusammenhang die Notwendigkeit einer *Wandlung der geistigen Verfassung* für eine Weiterentwicklung der europäischen Menschheit. Man müsse sich von den Denkgewohnheiten des 19. und 20. Jahrhunderts lösen. Eine neue Art, über öffentliche Angelegenheiten zu sprechen sei erforderlich.

Geist bzw. Ungeist dieser Epoche haben, so Steiner, ihr Zentrum in den großen Errungenschaften der modernen Wissenschaft. Die Erkenntnisse der Physik, Chemie, Biologie, Technik usw. seien beeindruckend; ebenso die Entdeckungen der Entwicklungsgeschichte des Menschen oder die Analyse sozialer Konstellationen in der Soziologie. Diese naturwissenschaftlich geprägte Entwicklung habe Großes geleistet, versage aber vor der Frage, wie der Mensch innerhalb der irdisch-kosmischen, der geistig-seelischen Weltordnung steht, sie versage auch vor der Frage: „Was bis du eigentlich als Mensch?" Die Beantwortung dieser Frage erstreckt sich über die Gedanken hinaus in das Willens- und Gefühlsleben hinein. „Der Mensch möchte ja wahrhaftig die Natur und sich selbst nicht bloß intellektualistisch erkennen. Der Mensch möchte empfinden, fühlen, was er ist. Er möchte hineingießen können in seine Willenshandlungen, in sein ganzes äußeres Leben und seine Wirkungen dasjenige, was aus seinem eigensten, tiefsten Wesen in das Weltwesen fließen kann. Er hat heute das Gefühl: Bloß instinktiv kann er sich nicht verhalten in seinen Willensentschlüssen, in seinen Willenshandlungen. Er muss irgendetwas aufnehmen, das ihm Ziele vorsetzt in Bezug auf sein Wollen, in Bezug auf sein Handeln. Diese Ziele, sie kommen nicht so, dass sie in einer befriedigenden Weise durchdringen dieses Wollen, wenn man über die Welt und den Menschen nichts anderes weiß, als was die Naturwissenschaft geben kann."

Dass die akademischen Wissenschaften und insbesondere die Naturwissenschaften zwar auf ihrem Gebiet Hervorragendes leisten, aber mit Blick auf zentrale Phänomene und Aufgaben der *menschlichen Existenz* eher blind bleiben, führt Steiner auch in einem Vortrag zu den „Grenzen der Naturerkenntnis“ am 27. September 1920 aus.[48] Er betont zunächst als wichtige Zeitforderung, Menschen aller Schichten und Klassen ein menschenwürdiges Dasein zu ermöglichen. Was können die Wissenschaften dazu beitragen? Viele Menschen seien heute geschult durch die Denkformen der modernen Naturwissenschaft. Das betreffe ökonomische, religiöse und viele andere Lebensbereiche, wo naturwissenschaftliche Begriffe und Denkformen Einzug halten, beispielsweise bei der Auslegung historischer religiöser Dokumente. In seinen christologischen Vorträgen unter andrem zu den vier Evangelien versucht Steiner hingegen zu zeigen, dass ein wirkliches Verständnis dieser Dokumente nur auf dem Weg geisteswissenschaftlicher Betrachtungen möglich ist. Die „Sozialwissenschaft“ bezeichnet er als „Lieblingskind des neueren Denkens“. Die zentrale Frage dieser Vorträge bestehe aber darin, ob diese wissenschaftlichen Begriffe hinreichend sind, die Fragen nach einer menschenwürdigen Gestaltung unserer Lebensverhältnisse zu beantworten. Er kritisiert in diesem Zusammenhang das Ideal, die Natur in mathematischen Formeln oder in mechanistischen Begriffen zu beschreiben. Der Darwinismus wird als Beispiel für die Anwendung naturwissenschaftlicher Begriffe beschrieben – die Entstehung des *Lebens* sei jedoch mit solchen Theorien nicht wirklich verständlich zu machen. Ebenso wenig sind mit solchen Denkformen Antworten auf die sozialen Fragen des gesellschaftlichen Lebens zu finden, sie lassen uns in dieser Hinsicht hilflos zurück. Zwar war dieses auf die Sinnlichkeit und nicht auf Übersinnliches gerichtete Denken und Erklären *historisch* sinnvoll, da es klare Vorstellungen, scharfkontu-

48 Steiner, R. (1948): Grenzen der Naturerkenntnis. 8 Vorträge, gehalten vom 27. September bis 3. Dezember 1920, Dornach.

rierte Begriffe, überhaupt ein Erwachen des kritischen Bewusstseins erst möglich machte. „Wir brauchen das, um im vollen Sinne des Wortes *Menschen* zu sein.“ „Aber nun muss man dieses Entzünden des Bewusstseins, diesen Wechselverkehr des Menschen mit der äußeren Natur nur einmal unbefangen beobachten“, um zu erkennen, dass damit eine begriffliche Verarmung des Erkenntnisvermögens eintritt. Denn die Begriffe werden zwar klarer, ihr Umfang wird jedoch gleichzeitig ärmer, *wenn es um Erklärungen des Lebens* geht. Im Grunde liege in dieser Entwicklung das implizite Bekenntnis: „Ich habe mich zur Klarheit durchgerungen, ich habe mich zum vollen Erwachen des Bewusstseins durchgerungen, aber ich habe *das Wesen des Menschen* dabei in meinem Erkennen, in meinem Erklären, in meinem Erfassen verloren.“

Bei aller Wertschätzung der akademischen Wissenschaften werden also von Rudolf Steiner auch deren Erkenntnisgrenzen betont, insbesondere wenn es um das Verstehen des „menschlichen Wesens“ und seiner sozialen Beziehungen gehen soll. Hier könne nur Geisteswissenschaft ein tieferes Verständnis ermöglichen, etwas mit Blick auf die Unsterblichkeit der menschlichen Seele oder die Unterscheidung der menschlichen Existenzform in physischen Leib, Ätherleib, Astralleib und Ich. Einer im gesamten Schriften- und Vortragswerk Steiners häufig *bekundeten* Wertschätzung der Wissenschaft, insbesondere auch der Naturwissenschaft, stehen daher auch Äußerungen gegenüber, die sich, so scheint mir, *mit diesem Anspruch nicht vereinbaren* lassen. Das soll nun etwas genauer am Beispiel seines *Landwirtschaftlichen Kurses* beleuchtet werden.

In diesem Vortragszyklus behandelte er unter anderem Fragen der „Unkrautbehandlung“.[49] Begriffe wie „Unkraut“ oder „tierische

49 Steiner, R. (1924): Geisteswissenschaftliche Grundlagen zum Gedeihen der Landwirtschaft. Landwirtschaftlicher Kursus. Acht Vorträge, Koberwitz bei Breslau, 7. bis 16. Juni 1924, Dornach. Hier der Vortrag vom 14. Juni 1924. Dieser Kurs begründete als *Pionierleistung für den ökologischen Landbau* die biologisch-dynamische Landwirtschaft, die heute allerdings auf wissenschaftlichen Anbauprinzipien beruht und deren Produkte unter dem Namen *Demeter* vertrieben werden.

Schädlinge“ bezeichnet Steiner in einer heute fortschrittlich anmutenden Argumentation (auch das ist ein „Subtext“) als problematisch, da diese Organismen nicht nur Teil der schützenswerten Natur seien, bei sogenannten Unkräutern handele es sich darüber hinaus auch häufig um Heilkräuter. Gestalt, Wachstum, Eigenart und Lebensbedingungen der Pflanzen müssen Steiner zufolge immer als Ergebnis von Kräften aus der Erde und solchen aus dem Kosmos verstanden werden, gerade auch als Wirkungen der Sonne, der Planeten und des Mondes, aber darüber hinaus ebenso des Sternenlichts. Diese komplexen Prozesse sind, so Steiner, mit heutigen naturwissenschaftlichen Methoden nicht nachweisbar, durch Geisteswissenschaft aber erforschbar. So wirken beispielsweise Voll- und Neumond unterschiedlich auf das Pflanzenwachstum, was beim Säen und Ernten beachtet werden muss. Mit Blick auf die Entwicklung von sogenannten Unkräutern sollten, das wird als ein Maßnahmen-Beispiel erläutert, die Mondwirkungen so reduziert werden, dass sie nicht mehr wachstumsfördernd wirken. „Es können auch die Pflanzen, diese Unkräuter, eine gewisse Scheu dafür bekommen, in einer in gewissem Sinn behandelten Erde zu wachsen. Ein Mittel besteht darin, die Samen eines Unkrauts, die jene kosmischen Kräfte konzentrieren, zu verbrennen; in der Asche sammelt sich nun die entgegengesetzte Kraft. Wenig genügt, man kann verschiedene ‚Unkrautpflanzen‘ verbrennen und auf dem Acker verstreuen. Verstreuen wir nun – wir brauchen gar nicht besonders sorgfältig vorzugehen, da die Dinge im großen Umkreise wirken – dieses kleine Präparat, was wir auf diese Weise aus den verschiedenen Unkräutern uns verschafft haben, auf unsere Äcker, dann werden wir schon im zweiten Jahre sehen, wie weit weniger von der Unkrautart da ist, die wir so behandelt haben.“ Nach dem vierten Jahr werde dann das Unkraut ganz verschwunden sein. – Das ist eine *empirisch* prüfbare Hypothese! Anders verhält es sich mit dieser Behauptung: „Das sind eben Dinge – man glaubt es heute nicht –, die früher einmal aus einer instinktiven Agrikulturweisheit beherrscht worden sind.“ Das ist eine Aussage, deren

Richtigkeit durch historische Forschung vermutlich nicht nachweisebar ist, man muss der „Geistesforschung" vertrauen.

Im wissenschaftlichen Sinn wirklich problematisch wird es dann allerdings bei der Bewertung der eigenen praktischen Vorschläge. Die einfachste und für die anwesenden Landwirte entscheidende Frage ist ja: Wirkt dieses Aschepräparat? Es ist – anders als bei vielen historischen, nicht nachprüfbaren Behauptungen Steiners – bei solchen Wirkungsbehauptungen mit Blick auf Präparate ja naheliegend, der Frage ihrer empirischen Überprüfung in Feldversuchen nachzugehen. Tatsächlich gründeten die beteiligten Landwirte noch während Steiners „Kurs" 1924 den „Versuchsring", aus dem sich später dann eine zum *Demeter*-Bund gehörende Forschungseinrichtung entwickelt hat.[50] Steiner indessen kommentiert schon die *mögliche* kritische Nachfrage mit dieser Bemerkung: „Und da heute schon einmal das Urteil – ich will es nicht Vorurteil nennen – besteht, alles muss nachträglich verifiziert werden, nun gut, dann versuche man es, diese Dinge zu verifizieren. Man wird schon sehen, wenn man die Experimente richtig macht, sie werden sich schon bewahrheiten. Nur, würde ich selber eine Wirtschaft haben, so würde ich nicht warten auf das Bewahrheiten, sondern ich würde die Sache gleich anfangen. Denn ich bin ganz sicher, dass die Sache geht. Denn für mich liegt die Sache so: Geisteswissenschaftliche Wahrheiten sind durch sich selbst wahr. Man braucht nicht ihre Bewahrheitung durch andere Umstände, durch äußerliche Methoden. Diesen Fehler haben alle unsere Wissenschaftler gemacht, dass sie hinschauen auf äußere Methoden, durch äußere Methoden diese Wahrheiten verifizieren wollten. Sie haben das auch gemacht innerhalb der Anthroposophischen Gesellschaft: Da

50 Der Forschungsring für biologisch-dynamische Landwirtschaft in Darmstadt hat sich ebenso wie außeranthroposophische Einrichtungen z. B. an Universitäten bemüht, viele Angaben Steiners mit naturwissenschaftlichen Methoden zu erforschen, zum Teil mit ermutigenden Resultaten, die aber die folgenden Überlegungen nicht überflüssig machen. Vgl. auch das Video zu einer Tagung zum Thema „Wissenschaft bei Demeter" am 15. Juni 2022, https://www.youtube.com/watch?v=xFJnrWaSbtI.

hätten die Leute aber wissen sollen, dass die Dinge durch sich wahr sein können." Man müsse vielleicht, weil der Zeitgeist so ist, entsprechende Versuche machen, aber notwendig sei das nicht. Und aus einer eigenartigen Gedankenkonstruktion, vielleicht auch Selbstüberschätzung heraus wird dann gesagt: „Denn wie weiß man denn die Dinge innerlich? Man weiß sie so, dass sie eben innerlich durch ihre Qualität feststehen, so feststehen, wie ungefähr feststeht, wenn ich irgend etwas durch fünfzig Leute fabrizieren lasse, und ich sage mir, ich will jetzt dreimal so viel produzieren, ich nehme hundertfünfzig Leute. Da kann nun ein Vorwitziger kommen und sagen: Das glaube ich nicht, dass hundertfünfzig dreimal so viel machen, das muss man erst ausprobieren". Dieses absurde Beispiel wird noch variiert mit dem Hinweis darauf, dass die Produzierenden teilweise während der Arbeit schwätzen, so dass die Leistungen im statistischen Schnitt niedriger ausfallen, so könne „das Experiment das Gegenteil erweisen".

Sehr interessant ist in diesem Zusammenhang auch die Fragenbeantwortung im Zusammenhang des Kurses.[51] Steiner hatte in einem der Vorträge auch Methoden gegen den Engerlings-Befall (Nematoden) der Nutzpflanzen genannt: Die Insekten sollen mit Rücksicht auf eine bestimmte Sternkonstellation verbrannt werden. Wenn das Präparat dann beispielsweise über Rübenäcker ausgestreut wird, überkomme, so Steiner, die Schädlinge nach und nach eine Art Ohnmacht. Aus dem Publikum wurde daraufhin gefragt, ob man diese Methode auch anwenden kann gegen andere Insektenarten („Ungeziefer aller Art"), wobei doch auch die Frage gestellt werden müsse, ob es überhaupt erlaubt sei, „durch diese Methoden über weite Flächen hin das tierische und pflanzliche Leben so ohne weiteres zu vernichten. Es könnte ein großer Unfug herauskommen. Es müsste eine Grenze gesetzt werden, dass ein Mensch nicht Zerstörung über die ganze Welt verbreiten kann." Darauf antwortete Steiner: Die Frage des Erlaubtseins müsse daran

51 S. 170 ff.

gemessen werden, dass ohne solche Maßnahmen die „Landwirtschaft innerhalb der zivilisierten Gegenden … immer schlechter und schlechter“ werde, „und es würde nicht nur bloß eine partielle Hungersnot und Teuerung da oder dort eintreten, sondern diese würde dann ganz allgemein werden. Das ist eine Sache, die in gar nicht so ferner Zukunft da sein wird, so dass man eigentlich keine andere Wahl hat, als dass man die Zivilisation zugrunde gehen lässt auf der Erde, oder aber, dass man sich darum bemüht, die Dinge so zu gestalten, wie sie eben eine neue Fruchtbarkeit hervorbringen können.“ Es bestehe allerdings durchaus die Gefahr des Missbrauchs – das sei in Spätepochen der atlantischen Entwicklung der Fall gewesen, mit katastrophalen Folgen. Dies sei ein Grund dafür, das Wissen um diese Dinge vorerst im engeren Kreis zu halten und verantwortlich damit umzugehen. Daher sei es eigentlich auch nicht gut, dass ein Stenograph hier mitschreibe.

Die zitierte Schlusspassage benennt ein in Steiners Schriften sehr häufig vorkommendes Argumentationsmuster: Nur die Erkenntnisse der Geisteswissenschaft können uns davor bewahren, durch unser Handeln in verschiedensten Praxisfeldern – Politik, Wirtschaft, Landbau, Pädagogik, Medizin usw. – Verhängnisvolles zu verursachen. So werden in den pädagogischen Vorträgen beispielsweise immer wieder Behauptungen dahingehend aufgestellt, dass die Nichtbeachtung bestimmter geisteswissenschaftlich begründeter Erziehungs- und Unterrichtsmethoden zu bestimmten Krankheiten oder psychischen Problemen der betroffenen Menschen führen. Wie eben mit Blick auf die Landwirtschaft zitiert, kann es Steiner zufolge bei bestimmten geisteswissenschaftlich nicht aufgeklärten und entsprechend ausgerichteten Praktiken sogar zu gesellschaftlichen Katastrophen kommen. So betont er in einem Vortrag über „Okkulte Psychologie“, nach Ende der Weltkriegskatastrophe im Jahr 1918 in Dornach gehalten, mit Blick auf den Bau des Goetheanums, wie sehr es ihm „die tiefste Befriedigung gewährt, die Arbeit in Ihrer Mitte an diesem unseren Bau und um unseren Bau herum wiederum aufnehmen zu können, das werden Sie mir wohl ohne weiteres glauben. Es ist ja tatsächlich so, dass heute nicht nur bei tieferem Nachdenken, sondern, man darf sagen, schon bei oberflächlicherem demjenigen, der der ganzen Aura dieses Baus nahegetreten ist, der Gedanke aufgehen könnte, dass mit diesem Bau doch etwas verknüpft ist, was mit den bedeutungsvollsten, schwerwiegendsten Aufgaben der Menschenzukunft zusammenhängt."[52] Er lobt dann, was während seiner Abwesenheit von den hier Tätigen am Bau künstlerisch weitergebaut wurde. Von diesem Bau würden beste Impulse für die anthroposophische Arbeit ausgehen, denn „aus der furchtbaren Sackgasse, in welche die Menschheit hineingeraten ist in der Gegenwart, wird sie nicht früher hinauskommen, bevor sie sich entschließt, in irgend einer Weise Anknüpfungspunkte zu suchen für fruchtbares Wirken, fruchtbares Tun innerhalb einer solchen geistigen Bewegung, wie es die unsrige ist." Hier werden „Subtexte" problematischer Art erkennbar. Die häufig dramatisierend vorgetragene Prophezeiung, was der Menschheit bei Missachtung geisteswissenschaftlicher Erkenntnisse droht, gibt denen, die daran glauben, zwar das Gefühl, einer Bewegung von hoher gesellschaftlicher, ja sogar historischer Relevanz anzugehören und fördert auch ein diesbezügliches Verantwortungsgefühl. Aber die Rigidität und die fehlenden Selbstzweifel, mit denen diese Gefahren-Prognosen vorgetragen werden, verlangen geradezu nach einer kritisch abwägenden Steiner-Lektüre, sonst besteht die Gefahr, die von dem Geistesforscher immer wieder verlangte Wissenschaftlichkeit und rationale Aufklärung, Bedingungen unserer demokratischen und rechtsstaatlichen, aber auch zivilgesellschaftlichen Existenz, aufzugeben.

Der naheliegenden Nachfrage, wie man die durch Geistesforschung gewonnenen hellseherischen Erkenntnisse auf ihre empirische Triftigkeit hin prüfen kann, wird von Steiner typischerweise (d.h. in den Vorträgen häufig auftauchend) mit dem Hinweis

52 Steiner, R. (1940): Okkulte Psychologie. Drei Vorträge gehalten vom 17. bis 19. August 1918 in Dornach. Hier zitiert aus dem 1. Vortrag.

begegnet, dass man diese auch ohne solche hellseherischen Fähigkeiten, „wenn man die Dinge nur unbefangen betrachtet", einsehen kann. So betonte er z. B. in einem Vortrag „Über das rechte Verhältnis zur Anthroposophie", dass seine Mitteilungen auf hellseherischem Bewusstsein beruhen. Auch wenn nur eine Person solche Forschungsergebnisse schildere, „kann es jeder einsehen durch seine unbefangene Vernunft, durch das, was ihm zugänglich ist auf dem physischen Plan."[53] So entspringen zum Beispiel „so schwierige Dinge" wie die Inkarnation des Zarathustra, dessen astralischer Leib in Hermes übergegangen sei und dass des Zarathustra ätherischer Leib übergegangen sei in Moses, keinem „blinden Glauben". Wenn ein Zweifler alle historischen Dokumente zu dieser Frage prüfe, würde er „sehen, dass, je genauer er vorgeht bei seinen Forschungen, er umso mehr die Tatsachen, die der Hellseher mitteilt, bestätigt fände" (was natürlich gerade bei diesem Beispiel kaum realisierbar sein dürfte). Auch für die Einsicht in „nicht so schwierige Dinge" wie die Reinkarnation oder das Leben zwischen Tod und einer neuen Geburt „braucht jemand nur das, was das Leben bietet, unbefangen zu betrachten. Je genauer er das betrachtet, desto mehr wird er bestätigt finden, was der Hellseher mitteilt." Daher gelte: „Prüft, nicht nur befangen, sondern unbefangen!".

Mit dem sehr häufig verwendeten Begriff einer „unbefangenen" Beurteilung seiner esoterisch begründeten Mitteilungen meint Steiner, dass man gegen das Vorgebrachte nicht gleich sein gewohntes Wissenschafts- und Realitätsverständnis in Stellung bringen sollte, sondern versuchen möge, sich auf den vorgetragenen Sachverhalt experimentell einzulassen. Mit Blick auf die zitierten Aussagen zur „Unkrautverminderung" ist das aber eigentlich nicht einleuchtend – da liegt es doch nahe, die Sache mit der nächsten Aussaat einmal zu *überprüfen*. Wenn hingegen Steiners Men-

---

53 Steiner, R. (1986): Über das rechte Verhältnis zur Anthroposophie. Vortrag in Stuttgart am 11. November 1909, S. 74. In: Steiner, R.: Die tieferen Geheimnisse des Menschheitswerdens im Lichte der Evangelien. Zwölf Vorträge vom 11. Oktober bis zum 26. Dezember 1909. Dornach.

schenbild den *physischen Körper*, den diesen belebenden *Ätherleib*, den Gefühle, Leidenschaften usw. ermöglichenden *Astralleib* und das unsterbliche *Ich*, den eigentlichen Kern des Individuums, unterscheidet und auf seine Wechselwirkungen hin untersucht, dann kann man ein solches anthropologisches Betrachtungs-Experiment unternehmen und zusehen, was sich dabei in der eigenen Wahrnehmung ereignet. Dann wird Steiners Aussage als Anregung verstanden, z. B. ein sich entwickelndes Kind aus dieser heuristischen Perspektive einer Viergliedrigkeit des Menschen zu betrachten.[54] Aber ein Kardinalproblem der „Geisteswissenschaft nach naturwissenschaftlicher Methode" wird hier dennoch deutlich und spiegelt sich bis in Grundorientierungen innerhalb der anthroposophischen Bewegung: Ein zentrales Kriterium heutiger wissenschaftlicher (nicht bloß naturwissenschaftlicher) Methoden ist die Forderung nach *intersubjektiver Überprüfbarkeit* der Forschungsergebnisse. Wohl die meisten „esoterischen" Berichte Rudolf Steiners etwa über das, was sich ganz konkret in den „alten Mysterienstätten" (wie Eleusis) ereignete, welche technischen Leistungen die Menschen in der alten Atlantis-Kultur vollbrachten oder was die menschliche Seele nach dem Tod in der geistigen Welt erlebt, welche Geister die Entwicklung des Kosmos ermöglichten oder welche berühmten Persönlichkeiten sich später in welchen anderen Persönlichkeiten reinkarniert haben, das ist alles nicht intersubjektiv überprüfbar.

Wie geht man produktiv mit dieser kritischen Einsicht um? Mir scheint, dass man den Versuch einer Beantwortung dieser Frage auf aktuelle Kontroversen um Steiners Erkenntnis- und Wissenschaftsanspruch beziehen sollte. Man kann hier *drei unterschiedliche Dis-*

---

54 Z. B. Schieren, J. (2022): Anthroposophie in der Kritik. Online-Ausgabe der „Erziehungskunst", April 2022: https://www.erziehungskunst.de/artikel/anthroposophie-in-der-kritik/. Vgl. auch einige Beiträge in Schieren, J. (Hrsg.): Waldorfpädagogik und Erziehungswissenschaft. Weinheim/Basel 2016; Rittelmeyer, Chr. (2012): Der fremde Blick – über den Umgang mit Rudolf Steiners Vorträgen und Schriften (Neuabdruck). In: Frielingsdorf, V. (Hrsg.): Waldorfpädagogik kontrovers. Ein Reader. Weinheim/Basel, S. 195–203.

kurs-Positionen unterscheiden. Die erste geht davon aus, dass Rudolf Steiner tatsächlich ein „Hellseher" im von ihm selber beschriebenen Sinn war, d.h. ein Mensch, der Wahrnehmungsorgane ausgebildet hat, die ihm Einblicke in eine den meisten Menschen unsichtbare geistige Welt ermöglichten. Da er, wie die eben zitierten Textauszüge zeigen, großen Wert auf die Behauptung legte, dass diese „Erkenntnisse der höheren Welten" nicht nur ihm, sondern auch anderen Menschen möglich sind, wenn diese sich für solche Wahrnehmungen systematisch ausbilden, sollte das Hellsehen auch anderen Anthroposophen in den rund 100 Jahren geisteswissenschaftlicher Schulung möglich sein. Ist das so? Es gibt in der Tat einige wenige Autorinnen und Autoren, die von sich beanspruchen, in manchen Teilgebieten auf eigenständige Weise zu übersinnlichen Einsichten gekommen zu sein. – Eine zweite These besagt, dass Rudolf Steiner eine beeindruckende und umfassend gebildete Persönlichkeit war, die durchaus beachtenswerte Visionen und Eingebungen hatte, die aber nichts mit einer Erforschung geistiger Welten zu tun hat, wie er sie beschrieb. – Eine dritte These besagt, dass Rudolf Steiner ein Scharlatan war, der ein beeindruckendes Gedankensystem hervorgebracht hat, das aber eher einer mehr oder minder qualitätsvollen poetischen Begabung als wirklichkeitsgemäßen Erkenntnissen entspringt. Wie kann man sich vor dem Hintergrund des bisher Ausgeführten in diesem Diskurs positionieren? Besonders schwierig scheint mir eine begründete Stellungnahme zur *ersten Position* zu sein, auf die ich deshalb etwas ausführlicher mit einigen Gedanken eingehen möchte.

Ich habe, wie einleitend angedeutet, in den vergangenen Jahrzehnten häufig in Schulvorständen oder wissenschaftlichen Gremien mit anthroposophisch orientierten Menschen Kontakt gehabt, die auf ihrem Fachgebiet (z.B. der Biochemie, der Mikrobiologie, der Strömungsforschung oder Medizin) international anerkannte Wissenschaftlerinnen und Wissenschaftler waren. Meine gelegentlich gestellte Frage, ob ihr eigenes und täglich praktiziertes Wissenschaftsverständnis mit den „okkulten" Aussagen

Steiners nicht in Widerspruch gerate, wurde unterschiedlich beantwortet. Einige bekundeten, dass Anthroposophie und akademische Wissenschaft zwei getrennte Gebiete seien, jedes habe seine eigenen Regeln, und damit hätten sie keine Probleme. Andere hatten den Eindruck, ihr Wissenschaftsverständnis durch die Beschäftigung mit Anthroposophie zu vertiefen oder zu erweitern. Wieder andere berichteten, durch Steines Vorträge Anregungen für die eigene Lebensgestaltung und für ihr Selbstverständnis erhalten zu haben, die für ihr Fachgebiet, aber auch weit darüber hinaus von Bedeutung seien. Möglicherweise gab es eine Art Grundvertrauen in Rudolf Steiners Visionen, das durch die hier erläuterten „Subtexte" beeinflusst wurde, die jene fremdartigen Positionen in einem modernen, zukunftsweisenden Kontext verankern. Ob sich dieses Grundvertrauen in Zukunft fortsetzt, muss man sehen, denn viele Aussagen Steiners gerade in historischer Hinsicht sind inzwischen als unrichtig herausgestellt worden.[55] Als Beispiel sei eine Behauptung genannt, die Steiner in einem Vortrag am 16. Mai 1923 in Kristiana vorgetragen hat und in dem auch über das Alter der Erde gesprochen wurde.[56] Ihm zufolge kommt die Geistesforschung zu anderen – und richtigeren – Zeitbestimmungen als die Geologie: Nach deren Erkenntnismethoden könne man „berechnen, wie durch eine gewisse Schichte der Erde sich das und das ergeben hat. Dann kann man ausrechnen, wie das vor zwanzig Millionen Jahren war oder nach zwanzig Millionen Jahren sein wird. Der Beweis klappt furchtbar gut, nur war die Erde noch nicht da vor zwanzig Millionen Jahren". Die Erde ist aber nach heutigem Wissenstand mehrere Milliarden Jahre alt. Zwar hat Steiner betont, dass auch der „Geistesforscher" sich irren kann, aber die Striktheit seiner Behauptungen (wie eben mit Blick auf den landwirtschaftlichen

55 Z. B. Kaiser, U. (2020): Der Erzähler Rudolf Steiner. Studien zur Hermeneutik der Anthroposophie. Frankfurt/M., S. 82 ff.

56 Steiner, R. (1988): Menschenwesen, Menschenschicksal und Welt-Entwickelung. Sieben Vorträge, gehalten in Kristiana (Oslo) vom 16. bis 21. Mai 1923, Dornach, 1. Vortrag S. 15.

Kurs beispielhaft zitiert) lässt in aller Regel nicht den Eindruck aufkommen, dass er auch nur im Entferntesten den Gedanken in Rechnung stellt, sich mit seiner Aussage möglicherweise zu irren – vermutlich könnte er sich in einem solchen Fall auch nicht mehr darauf berufen, diese Erkenntnisse durch wissenschaftlich kontrolliertes Hellsehen zu erlangen.

Es kommt hinzu, dass viele seiner ausgesprochen selbstsicher, wenn nicht selbstgerecht vorgetragenen Behauptungen einer wissenschaftlichen Haltung widersprechen. So hat er beispielsweise am 27. Februar 1924 einen Vortrag vor Arbeitern am Goetheanum gehalten, in dem es um die *Relativitätstheorie* Albert Einsteins ging.[57] Diese Theorie ist gewiss alles andere als ein Ausdruck materialistischer und empiristischer Weltbetrachtung, sie beschreibt eine ausgesprochen „geistige", weil letztlich mathematische Wirklichkeit.[58] Steiner wird diesem Gehalt der Relativitätstheorie jedoch, wie mir scheint, überhaupt nicht gerecht. Sie sei, so der Vortragende, *Ausdruck eines wirklichkeitsfremden Denkens.* Er bespricht unter anderem die These von der Relativität jeder Bewegung und versucht, an problematischen Alltagsbeispielen vermeintliche Mängel der Theorie Einsteins deutlich zu machen. Das geschieht mit fragwürdigen, die Sache trivialisierenden Gedankenexperimenten, so etwa der Behauptung, ein mit Überschallgeschwindigkeit bewegtes Fahrzeug würde den Schall am Ziel empfangen, wenn dieser noch gar nicht abgesendet sei, auch könne man sich so schnell nicht bewegen. „So macht Einstein seine Beispiele … Meine Herren, man müsste Sie einmal einladen, eine Uhr anzuschauen, die mit Lichtgeschwindigkeit in den Weltraum hinausfliegt und wieder zurückkommt! Die Uhr, ja von der werden

57 Steiner, R. (1995): Natur und Mensch in geisteswissenschaftlicher Beleuchtung. Zehn Vorträge, gehalten vor den Arbeitern am Goetheanum in Dornach vom 7. Januar bis 27. Februar 1924. Dornach. Hier der 10. Vortrag, S. 175–192.

58 Vgl. zu dieser Bewertung der Mathematik als „geistige" Disziplin Steiners Bologna-Vortrag: Das gespiegelte Ich. Herausgegeben und eingeleitet von Andreas Neider. Dornach 2007, 2.Auflage.

Sie überhaupt gar nichts mehr sehen. Die wird so pulverisiert sein, dass Sie sie nicht mehr sehen." Steiner erheitert sein Publikum mit solchen absurden Beispielen und stellt Einstein als einen Abstraktling ohne wirklichen Lebensbezug dar. Selbst wenn man Argumente für Rudolf Steiners abwertende Position entwickeln sollte – ist eine solche Methode der Arroganz indikativ für einen „Eingeweihten"? In weiteren Vorträgen dieses Zyklus' kritisiert er auch Theorien, nach denen sich die Planeten aus einem Urnebel in Rotationsbewegungen herausgebildet hätten, da müsse man doch jemanden annehmen, der das alles in Bewegung setzte – warum „jemand"? Auch in anderen Vorträgen zollt er dieser Theorie zwar Respekt als komplexe Gedankenform, bezeichnet Einstein und andere Physiker jedoch als „Neurastheniker", denen der „Wirklichkeitssinn" fehle.[59]

Erstaunlich im historisch-wissenschaftlichen Sinn muten auch Ausführungen über die *Kleider-Mode* im Rahmen der Arbeiter-Vorträge an.[60] So sei beispielsweise luftige Kleidung daraus entstanden, dass man sich in bestimmten Kulturen ein Vogelkleid machen wollte, weil die „Gruppenseele" dieser Völker geistig mit dem Vogelartigen verbunden gewesen sei, enganliegende Kleidung wie z. B. Felle hätten dagegen Bezüge zu löwenartigen oder tigerartigen Schutzgeistern.[61] Ausdehnungstendenzen wie etwa in der Biedermeier-Kleidung und körperbetonende oder eng anliegende Kleidung wie in den 1920er Jahren dürften aber viel eher zeittypische

---

59 Steiner, R. (1921): Fachwissenschaften und Anthroposophie. Acht Vorträge in Stuttgart vom 24. März bis zum 2. September 1921, Dornach, S. 118; ders. (1981): Anthroposophische Pädagogik und ihre Voraussetzungen. Fünf Vorträge in Bern vom 13. bis zum 17. April 1924, Dornach, S. 64. Ob Steiner Einsteins Bezeichnung der Anthroposophie als „Hokuspokus" kannte, weiß ich nicht, es ist gut möglich, da die abfällige Äußerung viele Jahre vor den Arbeitervorträgen getätigt wurde. Vgl. Blom, Ph. (2009): Der taumelnde Kontinent. Europa 1900–1914. München, S. 245 f.

60 Vortrag vom 13. Februar 1924, S. 100–118.

61 Hier auch der von Josef Beuys aufgegriffene Gedanke, dass die Kniepartie in früheren Kulturen als besondere Quelle des Denkens angesehen und deshalb besonders geschmückt worden sei. Bei Beuys: „Ich denke sowieso mit dem Knie".

mentale Muster als die Wirksamkeit von Schutzgeistern anzeigen, eine genaue Mode-Phänomenologie wäre hier Voraussetzung angemessener Deutungen. Menschen in alter Zeit, so ein weiterer Gedanke Steiners, hätten den menschlichen Astralleib noch wahrnehmen können und schmückten sich entsprechend rot oder blau, weil dieses „Wesensglied" in solchen Farben gesehen wurde. Und die Griechen der Antike haben seiner Auskunft zufolge noch gesehen, dass der Ätherkopf größer als der physische ist – und dies durch einen Helm für Pallas Athene ausgedrückt, „der oben etwas wie Augen" hat. Aber natürlich handelt es sich bei den ikonografisch oft dargestellten Öffnungen im Helm etwa der Athene um Sehschlitze. Man kann an zahlreichen problematischen Deutungen dieser Art sehen, dass Steiner wohl meinte, zu allen Fragen dieser Welt sachkundig und eingeweiht Stellung beziehen zu können, eigentlich immer im Duktus einer wirklichen Aufklärung des verdunkelten Bewusstseins seiner Auditorien, nie habe ich einen Hinweis dahingehend gefunden, dass ihm auf einem besprochenen Gebiet die Kompetenz fehlen könnte. Der Gestus der Bescheidenheit ist bei ihm kaum zu entdecken.

Zwar geht aus den vorhergehenden Zitaten hervor, dass Steiner, obgleich seine eigenen geisteswissenschaftlichen Forschungsergebnisse sehr apodiktisch präsentierend, Hörerinnen und Hörer immer wieder auffordert, das Vorgetragene kritisch zu prüfen, sich ein eigenes Urteil zu bilden. Dass ihm jedoch mitunter damals wie heute von vielen Mitgliedern eine durchaus unkritische Verehrung entgegengebracht wurde und wird, hat ihn wohl gelegentlich doch beunruhigt. So schildert er in einem Vortrag über Okkulte Psychologie in einem eigentlich für ihn untypischen, etwas geschwätzigen Ton die folgende Episode:[62] „Da ist ja in letzter Zeit einmal etwas recht Niedliches gerade auf unserem Boden passiert … aber ich habe vorgebeugt, weil sonst vielleicht …, na, es ist nichts rechtes

62 Steiner, R. (1940): Okkulte Psychologie. Drei Vorträge, gehalten vom 17. bis 19. August 1918 in Dornach. Hier der erste Vortrag.

passiert, es hätte nur etwas passieren können!“ Er habe kürzlich auf ein Buch von Oskar Hertwig zur Überwindung des Darwinismus mit dem Titel „Das Werden der Organismen“ lobend hingewiesen. Ein neues Buch desselben Autors zu sozialen, ethischen und politischen Fragen habe ihn indessen befürchten lassen, dass Mitglieder der anthroposophischen Gemeinschaften nun auch dies gut und unfehlbar finden könnten, weil er das frühere gelobt habe. „Dieses Buch von Oskar Hertwig, das als zweites erschienen ist, ist ein Buch, das nichts taugt, ein Buch, das herrührt von einem Menschen, der auf dem Gebiete, um das es sich da handelt, auf dem Gebiete des sozialen, des ethischen, des politischen Lebens, absolut keinen einzigen ordentlichen Gedanken fassen kann.“ Daher müsse er darauf hinweisen, dass er Herwigs neues Buch „für ein ganz unfruchtbares, törichtes Zeug halte von einem Menschen, der gar nicht die Möglichkeit hat, über die Dinge zu reden, über die er da redet.“

Sehr „irdisch“ ging es auch zu im gleichen Vortrag vor Mitgliedern der anthroposophischen Gesellschaft, in dem er, offensichtlich sehr verärgert über das Erlebte, einen Vortrag vor nichtanthroposophischem Publikum in München schilderte. Er berichtete dort über künstlerische Impulse der Anthroposophie und sprach unter anderem auch über die von ihm inspirierte große Christus-Holzplastik, die im Goetheanum aufgestellt war und ist. Es habe zwar ausgeprägte Interessen an diesem Thema gegeben, die kritische Berichterstattung in den Zeitungen sei hingegen ohne jedes Verständnis gewesen, ein „humoristisches Zähnefletschen“, ein bemerkbarer innerer Groll gegen etwas, was man nicht versteht – „es war alles solch – nicht gesprochenes, sondern gespieenes Zeug.“ „Ich sage das alles sicher nicht deshalb, weil ich irgendwie, wenn die Dinge in die Öffentlichkeit treten, anstreben würde, wie man sagt, eine ‚gute Presse‘ zu bekommen, denn ich würde in dem Augenblick, wo eine ‚gute Presse‘ auftritt, glauben: da muss irgendetwas selbstverständlich nicht richtig sein; da muss irgendetwas Falsches auf unserer Seite geschehen sein.“ Im nächsten Absatz stellt er jedoch mit Befriedigung fest, wie gut die Eurythmie nach einer Aufführung in Hamburg aufgenommen wurde. Die Münchener Kritik hat ihn offenbar so geärgert, dass er einen Teil seines Vortrages darauf abstellte zu sagen, wie wichtig es ist, von seiner als richtig erkannten (künstlerischen) Linie nicht abzuweichen. Man sollte sich z. B., wenn die Eurythmie auf „journalistische Verständnislosigkeit“ trifft, „in der entschiedensten Weise dagegen verwahren“, hier Zugeständnisse an den öffentlichen Geschmack zu machen.

Dieser etwas befangen wirkende, gegen Außenstehende abwertende Duktus setzt sich im Vortrag fort, wenn Steiner abstrakte Begriffe und Ideen kritisiert, etwa den völkerrechtlichen der *freien Menschheit*. „Es ist ein Unterschied, ob ‚Idee der freien Menschheit‘ in einem Herzen, in einer Seele gedeiht … wo dieses Herz und diese Seele fruchtbarer Boden ist, oder ob die ‚Idee der freien Menschheit‘ in Woodrow Wilsons Kopf gedeiht!“ Wie ein in steinigen Boden gelegtes Weizenkorn nicht gedeihen kann, so bleiben Woodrow Wilsons Programme, wie Steiner betont, unfruchtbar, „wenn sie aus diesem Kopfe kommen.“ Er kritisiert im weiteren Verlauf das seiner Deutung zufolge sehr verbreitete beschränkte Denken, „das eng an das physische Gehirn gebunden ist, das sich nicht erheben will im freien Aufschwung zum Spirituellen, dieses Denken, das unter allen Umständen dazu verurteilt, borniert zu werden, beschränkt zu werden. Und das bedeutungsvollste Kennzeichen namentlich des gegenwärtigen wissenschaftlichen Denkens ist die *Borniertheit*, ist die *Beschränktheit*. Gewiss, man kann auf dem Felde des Beschränkten, des Bornierten, Großartiges leisten. Das tut zum Beispiel die gegenwärtige Naturwissenschaft. Aber zur Naturwissenschaft, wie sie heute gedacht wird, ist ja keine Genialität notwendig, meine lieben Freunde! Also: Borniertheit, Beschränktheit, das ist dasjenige, was namentlich auf intellektuellem Gebiete bekämpft werden muss.“ Das ist nun ein deutlicher Widerspruch gegen die früher zitierten Lobpreisungen des naturwissenschaftlich inspirierten Denkens auch in der Geisteswissenschaft, das zwar spirituell erweitert werden soll, aber als borniertes, beschränktes und eigentlich auch keinesfalls geniales intellektuelles Vermögen kaum so positiv hervorgehoben werden dürfte, wie dies Steiner in anderen Vorträgen getan hat. Diese Widersprüche festzuhalten, ist wesentlich für den Diskurs zum Verhältnis der akademischen Wissenschaft zur Esoterik Steiners. Auch wenn man der ersten Position zu diesem Thema zuneigt, also Rudolf Steiner für einen „Eingeweihten" oder „hellsichtigen Geistesforscher" hält, sollten diese Gesichtspunkte bedacht werden. Hagiographien des Anthroposophie-Begründers sind insofern heute nicht mehr angebracht.

War Rudolf Steiner, so ist nun abschließend mit Blick auf die erste Diskurs-Position zu fragen, ein Mensch, der „hellsichtig" war, der Einblicke in eine geistige Welt hatte, die uns verborgen ist? *Wir können es nicht wissen*! Man kann, und dies durchaus im Duktus eines aufgeklärten Denkens, die Möglichkeit einer solchen geistige Welt annehmen, für deren Wahrnehmung uns die Organe fehlen. Die Geschichte lehrt, wie sehr sich in dieser Hinsicht z. B. indigene Kulturen, aber auch mentale Habitus des europäischen Mittelalters von unserem technisch-wissenschaftlich geprägten, der „Aufklärung" verpflichteten Überzeugungen und Weltsichten unterscheiden. Sie als „rückständig" zu bezeichnen, entspricht heute auch nicht mehr den vorherrschenden wissenschaftlichen Denkformen. Möglicherweise unterliegen wir also nur einem historischen und kulturellen „Narrativ", das unseren Erkenntnishorizont entscheidend einengt. Auch die heutigen Religionen setzen eine geistig-göttliche Wirklichkeit mit ihren Widersacher-Mächten voraus, ohne dafür als verrückt erklärt zu werden. Aber Steiners Anspruch ist gerade ein nicht mehr religiös begründeter, sondern „geisteswissenschaftlich" orientierter mit dem Ziel, die geistige Welt sehr detailliert zu erforschen. Für die Frage nach der Religionsverwandtschaft der Anthroposophie ist an die früher zitierte Position Steiners zu erinnern, dass diese Weltanschauung keiner separaten Religion mehr bedarf. Wie stellt sich also die Frage nach einer erforschbaren geistigen Welt in der gegenwärtigen anthroposophischen Szene? Hat sich dort in einer mittlerweile hundertjährigen Existenz der Bewegung die Behauptung Steiners bewahrheitet, dass sich *jeder* urteilsfähige Mensch die Fähigkeit einer „Erkenntnis höherer Welten" aneignen kann?

Zahlreiche Kontakte zu Menschen, die sich der Anthroposophie verbunden fühlen, haben mir zwar gezeigt, dass hier gelegentlich über geistige Inspirationen, über „Schwellenerfahrungen" zur geistigen Welt berichtet wird. Aber detaillierte und fast empirisch anmutende Beschreibungen etwa der Erlebnisse des Menschen nach dem Tode, der Lebensformen und technischen Errungenschaften der atlantischen Kultur, der konkreten Prozesse in den antiken Mysterien, der Wiederverkörperung berühmter historischer Persönlichkeiten wie Zarathustra in anderen historischen Personen werden zwar häufig rezitiert, aber nicht als eigene Forschungserfahrungen dargestellt. So dürfte sich inzwischen unter den Anhängerinnen und Anhängern der Lehre Steiners die Überzeugung verbreitet haben, dass seinem Werk viele Inspirationen gerade auch für die praktische Lebensgestaltung zu entnehmen sind, dass seine Einsichten in die geistige Welt indessen entweder nur ihm möglich waren oder überhaupt nicht sachgerecht zu beurteilen sind; Lobpreisungen des „Meisters", wie es sie früher vereinzelt gab, dürften heute eher selten sein. Aber wie geht man dann in epistemischer Hinsicht mit seinem Werk um? Es sei nochmals auf seine eigenen Hinweise dazu eingegangen.

In einem Vortrag „Über das rechte Verhältnis zur Anthroposophie" betonte Steiner, dass von ihm zwar Ergebnisse der Geistesforschung oder des Hellsehens mitgeteilt werden, für deren Anerkennung sei es jedoch nicht notwendig, über derartige Fähigkeiten auch selber zu verfügen.[63] Werde beispielsweise über Inkarnatio-

---

63 Steiner, R. (1986): Über das rechte Verhältnis zur Anthroposophie. In ders.: Die tieferen Geheimnisse des Menschheitswerdens im Lichte der Evangelien. Zwölf Einzelvorträge vom 11. Oktober bis zum 26. Dezember 1909. Dornach. Hier der Vortrag vom 13. November 1909.

nen Zarathustras berichtet, sollte man dies nicht blind glauben. Man sollte vielmehr mit allen Mitteln der heutigen Wissenschaft prüfen, ob sich seine Aussagen bestätigen. Wie schon erwähnt, ist ein Lieblingsbegriff Steiners in solchen Diskursen der des „unbefangenen Betrachtens und Prüfens“, wobei „unbefangen“ wohl heißen soll, den behaupteten Sachverhalt mit wissenschaftlicher Genauigkeit, aber nicht befangen in zeittypischen Weltbildern und „Narrativen“ zu prüfen und zu durchdenken. Daher sei gerade für solche „unbefangenen“ Betrachtungen eine *Schulung des Denkens* Voraussetzung. Wenn er nun aber die Sehnsucht mancher Anthroposophen *beklagt*, geistige Phänomene wie beispielsweise Elementarwesen zu *sehen*, ist das mit Blick auf seine früher beschriebenen, sehr empirisch anmutenden Beschreibungen dieser geistigen Wesenheiten erstaunlich. Was kann das heißen, wenn er betont, dass „vernünftiges Denken der *heutige* Weg“ zur Wahrnehmung solcher Wesen ist? Gedanken, so Steiner, sind heute das beste Gefäß für Offenbarungen höhere Welten. Wer kein Denker sei, für den würden sich höhere Welten in Bildern offenbaren – aber hier bestehe die Gefahr des Scheinbildes. So etwa, wenn Engel ikonografisch als menschenähnliche Wesen mit Flügeln dargestellt und vorgestellt würden, denn solche Bilder seien noch zu sehr durchdrungen von „Elementen des physischen Planes“.[64] Sei man in dieser Weise an Empirisches gefesselt, sei es besser, Geisteswissenschaft nur zu kennen, ohne hellzusehen, als Hellsehen ohne Denken. Er weist auch auf die Gefahr des Hochmuts bei (visionär) hellsehenden, aber denkschwachen Menschen hin. Und schließlich: Nur auf Autorität hin zu glauben, ohne zu denken, füge der anthroposophischen Bewegung erhebliche Schäden zu. Wie die früheren Zitate zeigen, ist Steiner dieser *Forderung*, auf das eigene denkend erworbene Urteil gerade in Fragen seiner Geisteswissenschaft zu vertrauen, in seiner *Praxis* nicht konsequent gefolgt. Aber

64 Vgl. dazu auch Rittelmeyer, Chr. (2002): Über die bildliche Darstellung geistiger Wesen. In: Erziehungskunst Heft12, 1307–1315.

seine Modernität besteht dennoch darin, die Notwendigkeit einer solchen selbständig denkend erarbeiteten Zugangsweise zu sehen, denn anders wäre seine Lehre vermutlich nur für einen kleinen Teil der Hörerinnen- und Hörerschaft akzeptabel gewesen. Welche Formen dieses denkend entwickelte Urteilen annehmen kann, ist nicht vorherzubestimmen, keineswegs sollte es irgend ein flacher Empirismus oder Materialismus sein, aber auch kein New-Age-Diskurs. Die Diskussion der Frage, wie man produktiv mit Steiners zweifellos vielfach inspirierenden Texten *im eben erwähnten Sinn* umgehen kann, sollte jedoch die erwähnte zweite Position zu seinem Werk und zu seiner Person einbeziehen: Die Meinung, dass seine Aussagen keiner Geistesforschung entspringen, sondern einem genialen und singulärem Einfallsreichtum.

Rudolf Steiners Aussagen sind aus dieser Perspektive als visionäre Erzählungen zu verstehen, ähnlich den Visionen berühmter historischer Figuren wie Paulus, Mohammed oder Hildegard von Bingen. Dem scheint allerdings der ganze Duktus des Schriften- und Vortragswerks zu widersprechen. Insbesondere die sehr zahlreichen *frei gehaltenen* Vorträge – es geht um mehr als 5000 – zeugen von einer erstaunlichen Präsenz und Kenntnis, die wohl kaum bei einem Hochschullehrer oder einer Hochschullehrerin unserer Tage zu finden sein dürfte.[65] Namen, Daten, Zitate, zum Teil komplizierte Gedankenführungen, Kenntnisse unter anderem aus der Philosophie, Naturwissenschaft und Geschichte werden mit erstaunlicher Geistesgegenwart und Reflektiertheit flüssig dargeboten, so dass man in der Tat den Eindruck vieler Zeitgenossen verstehen kann, dieser Redner spreche wie aus einem gewaltigen inneren Bild, wie aus einer großartigen Eingebung heraus, mit wachem Situationsbezug und keineswegs aus dem Zustand der Entrücktheit. Der Dichter Stefan Zweig bemerkte dieses umfassende Wissen schon am jungen Steiner: In seinem biografischen Werk *Die Welt von Gestern. Erinnerungen eines Europäers* schildert er seine Begeg-

65 Schmidt, H. (2017): Das Vortragswerk Rudolf Steiners. Dornach, 2. Auflage.

nung mit Steiner in Berlin:[66] „In seinen dunklen Augen wohnte eine hypnotische Kraft, und ich hörte ihm besser und kritischer zu, wenn ich nicht auf ihn blickte, denn sein asketisch-hageres Antlitz war wohl angetan, nicht nur auf Frauen überzeugend zu wirken." Steiner hatte, so Zweig, zu jener Zeit noch nicht seine anthroposophische Lehre entwickelt, war überaus belesen und zeichnete sich durch umfassende Kenntnisse aus. „Es war aufregend, ihm zuzuhören, denn seine Bildung war stupend und vor allem gegenüber der unseren, die sich allein auf Literatur beschränkte, großartig vielseitig; von seinen Vorträgen und manchem guten privaten Gespräch kehrte ich immer zugleich begeistert und etwas niedergedrückt nach Hause zurück." Zweig spricht hier einen für die Anthroposophie sehr wesentlichen Aspekt an: Wie auch immer man einzelne Aussagen Steiners bewerten mag – er zeigte in seinen Büchern und Vorträgen ein ungewöhnlich breites Interessen- und Wissensspektrum, philosophische, naturwissenschaftliche, künstlerische und kunstgeschichtliche, historische, medizinische, literarische, dichterische und viele andere Bereiche der menschlichen Kultur werden von ihm thematisiert. Auch bei Menschen, die vielen „geisteswissenschaftlichen" Aussagen Steiners eher skeptisch begegnen, dürfte eine derartig umfassende und gedankenanregende Weltsicht Sympathien wecken. Dies aber vermutlich auch deshalb, weil er eine tiefe Abneigung gegen ein lebensfernes abstraktes Denken und Sprechen nicht nur bekundete, sondern in der Art seiner Vorträge auch demonstrierte, an seine Hinweise auf die Bildung des menschlichen Gemüts im Zusammenhang der Elementargeister-Wahrnehmung sei in diesem Zusammenhang erinnert. Die deutsche Schriftstellerin Gabriele Reuter (1859–1941) hat eine solche Wahrnehmung Steiners sicher treffend charakterisiert: „Man mag über die Anthroposophie denken, wie man will, und viele Einwände gegen sie erheben – ein Verdienst muss man Steiner zuerkennen: er hat hunderten von Menschen aus hoffnungsloser Dürre

66 Stuttgart o. J., S. 142 ff.

zu einem Leben voll vertieften geistigen Inhalts verholfen – er hat Ihnen durch die Geisteswissenschaft ihre Seele neu geschenkt. Und das ist wahrhaftig eine große Tat."[67] – Stefan Zweig betonte allerdings noch einen weiteren Grund für Steiners faszinierende Wirkung: Er vermutete, dass die außerordentliche Ausstrahlungskraft weniger seiner Lehre als vielmehr seiner faszinierenden Person zu verdanken war. Auch von vielen seiner Hörerinnen und Hörer wurde die besondere Ausstrahlungskraft und Persönlichkeit Rudolf Steiners beschrieben.[68] Dass jedoch seine *Lehre* von mindestens der gleichen Ausstrahlungskraft war wie seine *Person*, zeigt ein Blick in die anthroposophische Publikationsszene der letzten Jahrzehnte.

Denn dieser umfassende und in Vorträgen demonstrierte Bildungshorizont Steiners hat, so glaube ich, zu einer ausgeprägten *Bildungsaspiration* vieler Anthroposophen geführt, in der Regel wohl fern von jedem Bildungsbürgertum. Das spricht dafür, nicht nur Steiners Persönlichkeit, sondern auch seinen demonstrierten umfassenden Bildungshorizont als wirkmächtiges Phänomen zu würdigen. Das wird deutlich, wenn man sich die Themen und Diskursformen der anthroposophischen Publikationen ansieht. Neben den früher beschriebenen, an Goethe orientierten botanischen, zoologischen, anthropologischen und geologischen Studien seiner Anhängerinnen und Anhänger fallen z. B. ausgezeichnete Arbeiten zur Kunstgeschichte, zum organischen Landbau, zur Farbenlehre, zur belletristischen Literatur, zur Architektur auf, um hier nur wenige Beispiele zu nennen.[69] Liest man anthroposophische Zeitschriften wie *Die Drei*, so fällt hier ebenfalls eine breite Neugier unter anderem auf neuere philosophische Entwicklungen,

---

67 In: Kugler, W. (Hrsg.) (2008): rudolf steiner. Wie manche ihn sehen und andere wahrnehmen, Stuttgart, S. 69.

68 Z. B. Beltle, E./Vierl, K. (Hrsg.) (1979): Erinnerungen an Rudolf Steiner. Stuttgart; Krück von Poturzyn, M. (Hrsg.) (1988): Wir erlebten Rudolf Steiner. Stuttgart, 7. Auflage.

69 Vorwiegend in den Verlagen Freies Geistesleben und Urachhaus erschienen.

auf archäologische Entdeckungen, auf kunstgeschichtliche Phänomene, auf naturwissenschaftliche Erkenntnisse auf, häufig in Gestalt von Versuchen, anthroposophische Anregungen für die jeweiligen Fragestellungen und ihre Beurteilung fruchtbar zu machen. Auf Reisen kann man nach meiner Erfahrung gelegentlich in historischen Stätten wie Delphi, Ostia, Mailand, Peastum oder den Externsteinen Fachleuten begegnet, die erfahrungshungrigen anthroposophischen Reisegruppen Einblicke in Geschichte und Deutung solcher Kulturstätten ermöglichen. Auch dies ist ein psychologisch wichtiger „Subtext" der Werke Steiners: Es gibt eine Menge zu lernen, wenn man sich von seiner umfassenden Aspiration inspirieren lässt. Das alles scheint für eine gute Begründung der zweiten Diskurs-Position zu sprechen: Steiner als geniale und visionäre, aber nicht „hellsehende" Persönlichkeit anzusehen oder zu erleben. Man kann allerdings aus der Perspektive der ersten Position auch fragen, ob die besonders in den letzten Lebensjahren Steiners ungeheuer dicht aufeinander folgenden Vorträge, immer manuskriptfrei gehalten, allein aus der Genialität des Vortragenden erklärbar sind. Wie ist es möglich, dass dieser Ideen- und Faktenreichtum durch den gesamten Vortrag hindurch so präsent ist? Ist uns die Möglichkeit, Einblicke in eine wirklich bestehende geistige Welt zu nehmen, durch eine historische mentale Grammatik, durch ein materialistisches oder skeptizistisches „Narrativ" gleichsam ausgetrieben worden? Wir können es nicht sicher wissen.

Mit den vorangehenden Überlegungen dürfte jedenfalls die dritte Deutungsmöglichkeit des Phänomens Rudolf Steiner als eher unzutreffend auszuweisen sein: Dass es sich bei ihm um einen mehr oder minder genialen und sehr belesenen *Scharlatan* handelte – eine Vermutung, die gelegentlich in der kritischen Literatur über die Anthroposophen zu finden ist. Dagegen spricht auch die hohe moralische Integrität dieses Mannes, die sich aus seinem Werk und auch seiner Biographie erkennen lässt und die einleitend erwähnt wurde: Anders als diverse Gurus und Sektenführer strebte er nicht nach Wohlstand, gutem Leben, Luxus oder Macht über andere. Er trat eher warmherzig, unterstützend als kritisch oder angreifend auf (obgleich es Letzteres, wie eben zitiert, gelegentlich auch gab). Individualität und Freiheit des Menschen waren anzustrebende Werte, die er schon früh in seinen Werken betonte; ein Einfluss auf andere Menschen soll seinen Aussagen zufolge nur über deren eigene Erkenntnis und über ihre eigenen Willensentscheidungen erfolgen.[70] Es ist schwer vorstellbar, aus einer solchen Lebenshaltung heraus ein gigantisches weltanschauliches Blendwerk zu entfalten – welchen Sinn sollte das für Steiner haben?

Allerdings wären diese Wirkungen Steiners vermutlich nicht denkbar, wenn seine Anhängerinnen und Anhänger nur *literarisch* von ihm Kenntnis genommen hätten. Wenn man noch einmal die präzise, an Goethes Metamorphosen-Lehre geschulte *Pflanzenbeobachtung* imaginiert, die nach Steiner zu einer „Erlösung" der darin verzauberten Elementarwesen führt, dann wird noch ein anderer Wirkungsaspekt deutlich: Die plastische Vorstellung dieser sinnlich-übersinnlichen Bildebewegung ist zugleich eine *belebende Schulung des Vorstellungs- und Gefühlslebens*, das nun seinerseits wieder zum erweiterten Wahrnehmungs- und Erkenntnisorgan wird. Die dabei gemachten, je individuellen Bildungserfahrungen dürften für viele Menschen wesentlich zur Entwicklung einer sympathischen Einstellung anthroposophischer Geistesforschung gegenüber beitragen. Und Intellektuelle wie eher Gemüthafte werden gleichermaßen angesprochen, wenn diese Übungen sich auf symbolisch gehaltvolle, intellektuell wie gemütsbezogen interpretierbare oder erlebbare äußere und innere *Bilder* beziehen. In diesen Zusammenhang gehört auch die zentrale Rolle, die Steiner dem *Künstlerischen* für eine menschenwürdige Lebensgestaltung beimisst. In der Architektur, in der Eurythmie, in den Formen des

---

70 Zur Biographie Steiners vgl. auch Kugler, W. (1978): Rudolf Steiner und die Anthroposophie. Köln; Lindenberg, Chr. (1988): Rudolf Steiner. Eine Chronik. Stuttgart sowie die sehr umfangreiche dreibändige Darstellung von Selg, P. (2012): Rudolf Steiner. Arlesheim.

künstlerischen Unterrichts, in der kunstvollen Raumgestaltung in Kliniken, in den Theateraufführungen in Dornach etc. sind ebenso prägende Botschaften und „Subtexte“ zu identifizieren wie in den Vorträgen und Schriften.

V. Über die bildende Kraft der Bilder und Symbole

Zu den bekanntesten Erscheinungsformen anthroposophischer Lebenspraxis dürfte die *Waldorfschul-Architektur* zählen. Ihre Charakteristika sind auch in anthroposophischen Kliniken, Altenheimen, Kindergärten oder Hochschulen zu beobachten. Entscheidende Mustergebäude für diese Architektur sind die beiden Goetheanum-Bauten in Dornach.[71] Die Bezeichnung „organische Architektur" für diesen Baustil ist allerdings noch nicht hinreichend, um den eigentlichen Sinn derartiger Gestaltungsprinzipien herauszustellen. Denn in solchen organisch oder dynamisch wirkenden Bauformen soll sich auch auf geistvolle und künstlerisch gekonnte Weise artikulieren, was in den Gebäuden geschieht: Die Maxime einer humanen Krankenbetreuung, einer fortschrittlichen Pädagogik oder einer lebendigen spirituellen Wissenschaft. Was man beispielsweise in der „Hochschule für Geisteswissenschaft" in Dornach erarbeiten und erforschen möchte, das soll auch in der künstlerischen Gestaltung des Goetheanum-Baus seine adäquate Hülle, seinen angemessenen Ausdruck finden. Und wenn beispielsweise das soziale Lernen in einer Schule ein wichtiges Unterrichtsziel ist, dann soll die Bauform diese didaktische Maxime zum symbolischen Ausdruck bringen, statt ihr zu widersprechen. Wenn der Rasterbau einer Schule mit langgestreckten immer gleichen Fensterreihen von einem Schüler als „Ausbildungszentrum für Klontruppen" charakterisiert wird, dann ist dies Ausdruck eines erlebten Widerspruchs zu einer Pädagogik, die Schülerinnen und Schüler als Individualitäten betrachtet – auch diese „Individualisie-

---

71 Der erste Bau ist in der Silvesternacht 1922/23 abgebrannt, vermutlich durch Brandstiftung.

rung" sollte daher im Bau als didaktisches Symbol ihren Ausdruck finden.[72]

Untersuchungen haben gezeigt, dass Schülerinnen und Schüler die „Rhetorik" der jeweiligen Schulbauformen feinfühlig, wenn auch in der Regel nicht bewusst wahrnehmen und dass sich dies auch stimmungsmäßig artikuliert – bei antipathisch erlebten Raumformen in Gestalt eher negativer Grundgefühle. Die architektonische Gestaltung (einschließlich der Umgebungscharakteristika, des Dekors, der Farbgebung, des Mobiliars etc.) wird als *Bild sozialer oder antisozialer, intelligenter oder einfältiger, geistvoller oder gedankenloser, origineller oder epigonaler, humaner oder antihumaner Verhältnisse* erlebt.[73] Es geht hier um *semiotische Szenen*, d. h. um Ensembles von Botschaften, die grundlegende pädagogische Ziele der Schule auch architektonisch zum Ausdruck bringen und damit zur didaktischen Lehrgestalt machen sollen.

Steiner hat in dieser aufklärenden Hinsicht nicht nur programmatisch Wegweisendes geleistet, sondern auch selber gestaltend beispielsweise auf die Goetheanum-Planungen eingewirkt. Im Rückblick auf die Brandkatastrophe des ersten Goetheanums betonte er, seine Weltanschauung „in lebendiger Weise von Goethe abgeleitet" zu haben und daher den Namen „Goetheanum" für den Bau gewählt zu haben. Dieser sei „mit einer inneren künstlerischen Konsequenz herausgeflossen aus dem, was anthroposophische Weltanschauung sein soll."[74] Die sorgfältigen Überlegungen beispielsweise zum architektonischen Grundphänomen des Tragens und Lastens, zur Bedeutung der Volutengestaltung an ionischen Säulen oder zur „lebendigen Architektur" waren wesentliche Anregungen für spätere Architektinnen und Architekten, verschie-

72 Rittelmeyer, Chr. (2013): Einführung in die Gestaltung von Schulbauten. Frammersbach, S. 12ff.

73 Rittelmeyer, Chr. (1994): Schulbauten positiv gestalten. Wie Schüler Farben und Formen erleben. Wiesbaden.

74 Steiner, R. (o. J.): Was wollte das Goetheanum und was soll die Anthroposophie? Vortrag am 9. April 1923 in Basel, Dornach.

denste Varianten dieser „organischen Architektur“ zu realisieren.[75] Immer geht es darum, die Architektur zur Trägerin auch geistiger Botschaften zu gestalten, so wie sie im jeweiligen Bau bedeutsam sind, in dieser Hinsicht soll die Architektur in einer menschengemäßen und geistvollen Weise „sprechend“ werden.[76]

Daher kann der umfassende phänomenologische Ansatz Steiners auf dem Gebiet der Baukunst auch zu sehr zeitgemäßen Ideen für eine menschenwürdige Gestaltung unserer gebauten Umwelt anregen – gleichviel, ob in Schulen, Krankenhäusern, Altenheimen oder anderen Bauten. Und wenn man beispielsweise Waldorfschulbauten erkundet, die geschwungen statt starr und monoton wirkenden Fassaden, die dynamisch anmutende Klassenraumformen, die transparent und damit freilassend erscheinende Lasurmalereien statt grellbunter aufdringlicher Farbgestaltungen, die ästhetisch gestaltete Schulhöfe und -gärten statt asphaltierter trostloser Großflächen zeigen, dann spricht sich darin ja auch die Botschaft einer anthropomorphen, einer menschengemäßen Didaktik aus.

Allerdings ist die reale Baugestalt auch eine unerbittliche Lehrmeisterin dafür, ob die Ideen Steiners und seiner Schülerinnen und Schüler ihren angemessenen architektonischen Ausdruck gefunden haben. Um das am Beispiel des Schulbaus zu illustrieren: Wenn ein Architekt ein Schulgebäude mit einem großvolumigem, mit mannigfaltigen Auf- und Abwölbungen versehenem Dach versieht und betont, damit die Charakteristik der umgebenden Allgäuer Berglandschaft aufzugreifen, dann kann das zwar als ein *dialogisches Element* gewertet werden. Wenn aber befragte Schülerinnen und Schüler den Eindruck bekunden, dass dieses Dach auf sie „erdrückend“ und im Verhältnis zum Unterbau „viel zu schwer“

---

75 Steiner, R. (1957): Wege zu einem neuen Baustil. Stuttgart; Themenheft „Rudolf Steiners Architekturimpuls weltweit“, Teil 1, Mensch + Architektur Heft 77/78, 2012; Kugler, W./Baur, S. (Hrsg.) (2007): Rudolf Steiner in Kunst und Architektur. Köln; Schuyt, M./Elffers, J./Ferger, P. (1991): Rudolf Steiner und seine Architektur. Köln.

76 Raab, A./Klingborg, A./Fant, A. (1972): Sprechender Beton. Wie Rudolf Steiner den Stahlbeton verwendete. Dornach.

wirkt und wie ein „schwacher Mensch“ anmutet, „der seine Arme kaum noch hochbekommt“ und dass der Unterbau „irgendwie wie breitgeschlagen“ wirkt, dann wird hier ziemlich übereinstimmend das Erleben eines *Gewaltverhältnisses im architektonischen Milieu* konstatiert.[77] Die einen Elemente, die Dachvolumina, bedrängen also für das Erleben der Jugendlichen die anderen, den tragenden Unterbau. Das wird normalerweise eher unbewusst wahrgenommen, aber doch als *Botschaft*. Die Wirkung der auf Rudolf Steiners Anthroposophie basierenden Schulraumgestaltung ist demnach davon abhängig, ob zentrale ethische, epistemische und auch ästhetische Bedürfnisse *unserer Zeit* in der Baugestalt symbolisch verschlüsselt erscheinen. Anthroposophische wie nichtanthroposophische Betrachterinnen und Betrachter realer Gebäude werden ihre Ab- oder Zuneigung nämlich daraus entwickeln, wie sehr die Schulgebäude ihre grundlegenden ästhetischen, ethischen und epistemischen Bestrebungen symbolisch widerspiegeln. Bei der Schulbauplanung gilt es daher zu fragen, auf welche Gestalten der gebauten „Lernlandschaften“ es mit Blick auf zentrale Ideen der modernen Pädagogik ankommt: Gewiss auf die Idee allseitiger statt spezialisierter Bildung durch ein die Sinne vielfältig ansprechendes und schulendes Baumilieu, auf die Idee einer ermutigenden statt bedrohenden Erziehung durch die Vermeidung brutal oder abweisend wirkender Gebäudeattribute und auf die Idee einer die Entwicklungsbedürfnisse Heranwachsender respektierenden Pädagogik, und zwar durch eine auch altersbezogene Gestaltung z. B. von Klassenräumen und Außenanlagen. Dies alles sind Prinzipien der Waldorfpädagogik; finden sie einen Ausdruck in der Raumgestaltung der Schulen, dann wird deren Wahrnehmung permanent als Botschaft empfunden, die anthroposophische wie nichtanthroposophische Nutzerinnen und Nutzer mit Sympathie empfinden.[78]

77 Zu diesen Studien vgl. Rittelmeyer, Chr. (1994): Schulbauten positiv gestalten. Wie Schüler Farben und Formen erleben. Wiesbaden.

78 Zum Schulbau vgl. Beispiele in dem Themenheft Waldorfschulbau im Wandel, Mensch & Architektur 69/70 (2009).

Wenn Menschen eine anthroposophische Klinik besuchen, das gesamte Ambiente aus zarten Wandfarben, geschmackvollem Mobiliar und Pflanzen in den Räumen, künstlerisch gestalteten Bildern an den Wänden, dynamisch statt starr wirkenden Flurgestaltungen usw. *erleben*, dann ist das natürlich eine permanente und durch das Gemüt aufgenommene Botschaft humanistischer Grundsätze der anthroposophischen Medizin, es ist ein Beispiel, auf welch vielfältige Weise die Mission Steiners wirklich „wirkt".

Während der für Waldorfschulen grundlegende Ansatz einer alle Fächer durchdringenden künstlerischen Didaktik heute in Gestalt der Kulturschulen auch in das staatliche Schulwesen Eingang gefunden hat,[79] ist das Fach *Eurythmie* nur in Waldorfschulen zu finden. Ist auch hier eine Anthroposophen wie Nichtanthroposophen ansprechende Botschaft zu entdecken? Bei dieser aus meiner Sicht besonders „geistreichen" Bewegungskunst geht es darum, den Gehalt von Texten oder von musikalischen Werken in Köperbewegungen zum Ausdruck zu bringen, nicht in Gestalt von Pantomime oder körperlicher Illustration, sondern als künstlerische Manifestation des tieferen Sinns der Texte und Kompositionen. Man kann dieses Unterrichtsgebiet von den entsprechenden Vorträgen Steiners her zu verstehen suchen, auch mit Hilfe der später erschienenen, sehr reichhaltigen Fachliteratur.[80] Man kann aber auch untersuchen, welche „Subtexte" oder immanenten Botschaften (zumeist wohl unbewusst) über die *erlebte Bilderwelt* wahrgenommen werden und ihre jeweils eigene Wirkung entfalten. Dabei muss bedacht werden, dass sich drei grundlegende Formen der Eurythmie herausgebildet haben, die so auch schon von Steiner

---

79 Braun, T./Fuchs, M./Kelb, V./Schorn, B. (Hrsg.) (2013): Auf dem Weg zur Kulturschule II. München; Rittelmeyer, Chr. (2018): Die Inspiration aller Unterrichtsfächer durch künstlerische Gestaltungselemente. In: Fuchs, M./Braun, T. (Hrsg.): Kulturelle Unterrichtsentwicklung. Grundlagen – Konzeptionen – Beispiele. Weinheim, S. 88–96

80 Z. B. Steiner, R. (1999): Eurythmie. Die Offenbarung der sprechenden Seele. Dornach; Veit, W. (1985): Eurythmie. Else Klink: Ihr Wirken in einer neuen Bühnenkunst. Stuttgart.

unterschieden wurden: Die Kunst-, Heil- und pädagogische Eurythmie. Da in der Kunsteurythmie deren Motive besonders prägnant zum Ausdruck kommen, habe ich in einer Lehrveranstaltung zum Thema Waldorfpädagogik an der Uni Göttingen eine Befragung durchgeführt. Im Vergleich wurden einige Bilder aus dem Gebiet des (nichtanthroposophischen) professionellen *Ausdrucks- sowie Ballett-Tanzes* einerseits und der *Kunsteurythmie* andererseits in Großprojektionen gezeigt. Die etwa 70 Studierenden im Hörsaal wurden gebeten, sich möglichst intensiv auch mit ihrem *Körperempfinden* in diese Tänzerinnen und Tänzer bzw. Eurythmistinnen zu versetzen und in Stichworten zu beschreiben, wie die Tanzenden sich vermutlich fühlen, welche innere Haltung und welche Intentionen sie jeweils zum Ausdruck bringen. Einige der *typischen* Antworten werden hier wiedergegeben, Querstriche trennen die Stichworte der einzelnen Studierenden. Zunächst folgen Antworten zum *Ausdrucks- und Ballett-Tanz*:

Anspannung – Konzentration / kraftvoll, gespannt, elegant / Kraft – körperliche Ästhetik – Dynamik – Harmonie / Stärke – Dynamik – Freiheit / männlich: frei – schwerelos – stark; weiblich: graziös – perfekt – frei / Darstellung nach außen – angespannt, konzentriert, selbstbeherrscht, starr / Athletik, Ehrgeiz, Eleganz / präzise Bewegung – sportlich, Beweglichkeit voraussetzend – körperlich anstrengend – trainiert, eingeübt – Anspannung, Konzentration / Stärke, Selbstsicherheit, Überlegenheit / Starkes Körperbewusstsein – besondere Konzentration auf Muskeln – alarmiert, für jede Bewegung gewappnet – Körperbeherrschung / Eleganz, Perfektion, Exaktheit, Leistung, Athletik / Konzentration – Körper voll angespannt – überheblich – bei vollem Bewusstsein / Anspannung – volle Konzentration – / Überzeichnetes Tanzen – nach außen etwas darstellen / Körperspannung / Anspannung – auf jede feinste Bewegung achtend / Körperlichkeit, athletische Herausforderung, Perfektion / Auswendig gelernte Bewegungen reproduzieren / wirkt künstlich – nicht unbedingt nur für einen selbst, man hat die Pflicht, etwas zu präsentieren – Steifheit, große Körperspannung, Zwang / graziös – körperbetont, starke Streckung – angespannt, alles muss zur richtigen Zeit gedehnt werden – Konzentration mehr auf die sportliche Leistung / angestrengt – konzentriert – jeder Muskel gespannt / Kontrolle des Körpers, der Bewegungen / Stolz – Konzentration – Eleganz – Reinheit / Harmonie aus Körperspannung, perfekter Technik, Körperbeherrschung, so dass der Eindruck von Leichtigkeit, Schmerzlosigkeit entsteht / ausgeliefert – streng – kontrolliert – angestrengt – Angst, Gleichgewicht zu verlieren / kontrolliertes Bewegen, Benehmen – beherrscht, steif, elegant / elegant, leicht – körperbewusst, körperbeherrscht – voller Körperanspannung / Perfektion, Gefühl / kraftvolle Bewegung – hart – angespannt – im Vordergrund stehen Beweglichkeit und Muskeln / angespannt – höchstes Maß an Körperbeherrschung.

Im Vergleich dazu folgen nun charakteristische Beschreibungen des Erlebens der *Kunsteurythmie*:

Locker – Freiheit / „Entselbstung" – von der Welt entrückt – prätentiös – rauschhaft / Konzentration – inneres Gespräch / Beweglichkeit – sich fragend, überlegend, aber sich seines Selbst sicher sein / Unsicherheit – überlegen, nachdenken – wo gehöre ich hin? / Inneres zum Ausdruck bringend – „frei", mit sich selbst, biegsam, positiv / Unsicherheit / schwebend – weniger anstrengend – spontan, improvisiert – Entspannung, geistiges Leerwerden / Ich fühle mich locker, frei – spontan setze ich Empfindungen in Bewegungen um – ich strenge mich nicht an – mein Körper scheint „zu fließen" / innere Ruhe, Eleganz, fließende Bewegungen – zuerst wäre mir die Bewegung peinlich, dann würde ich versuchen, mich auf mich selber zu konzentrieren, Ruhe zu finden und das auszudrücken, woran ich gerade denke, angenehm / freie Bewegung – Leichtigkeit – nicht nachdenken müssen – abgehoben – fern von Weltlichem / nicht so angespannt – nicht so überzeichnet – ich versuche das herüberzubringen, was ich empfinde beim Lesen eines Textes / runde Bewegung – Selbstversunkenheit / Nachdenklichkeit – schwungvolle Bewegungen / erfüllt von der Musik, zu der ich mich bewege / Freiheit – Unabhängigkeit – Versunkensein – Spontaneität / Die Körperhaltung scheint innere Empfindung widerzuspiegeln – Der Körper ist Teil eines Gesamtausdrucks, der von innen kommt / abgehobene Welt, Darstellung innerer Gefühle, Körperlichkeit, Athletik ist nebensächlich – darstellen, was ich spontan bei einem Musikstück empfinde / sanft, geschmeidig – mehr Möglichkeit im individuellen Ausdruck, ich kann mich meiner geistigen Verfassung entsprechend bewegen, und es bleibt doch im Rahmen der vorher überlegten Gebärden / fließende Bewegungen – ruhig – konzentriert, eher versunken – in Musik aufgehend – auf den Körper konzentriert / entspannt, wirklich, frei locker – Improvisation möglich, Freiheit des Tuns, keine vorgeschriebene Form / weich, gelöst – harmonisch – frei – „zu sich selbst finden" / Entfaltung – aus sich herausgehen, aber verhalten, überlegt / Hingabe – Wärme – Gelassenheit / Gelassenheit / frei – losgelöst – in Gedanken versunken – leicht / Geschmeidigkeit – ein In-sich-Ruhen / frei / Geist, aus dem Inneren heraus, Gefühl – Ausleben von inneren Empfindungen / fröhlich, weich, fließend – emotional – ausdrucksvoll – im Vordergrund steht die Ausdruckskraft / leicht, weich – eins im Körper, mit Gefühlen im Einklang, Ausdruck erlebter Gefühle – lebendig – es gibt kein „richtig oder falsch".

Die Bilder des *Ausdruckstanzes und Balletts* erzeugen offenbar primär den Eindruck ausgeprägter Körperbeherrschung und körperlicher bzw. athletischer Leistungsfähigkeit; eine herausragende Konzentrationsfähigkeit bei allen Bewegungen sowie Stärke, Anspannung und Eleganz sind weitere wahrgenommene Attribute. Es ist eigentlich nicht die Rede von einem geistigen Gehalt, der hier zum Ausdruck gebracht wird, sondern von durchaus positiv bewerteten Qualitäten körperlicher Darstellungsmöglichkeiten. Demgegenüber wirkt die *Eurythmie* sehr viel deutlicher als Ausdruck geistig-seelischer Gehalte und Empfindungen, oft wird der Ausdruck einer inneren Freiheit betont, überhaupt einer „Innerlichkeit"; es ist auch auffällig, dass die Studierenden hier häufiger das beobachtete Geschehen aus der Ich-Perspektive beschreiben, d. h. aus einer Perspektive der mimetischen Identifikation. Die Bewegungen werden als fließend, sanft und geschmeidig beschrieben, was Bezüge zur anthroposophischen „organischen" Architektur und ihrem tieferen sozialen Sinn nahelegen könnte.

Die Zitate kann man sicher auch noch anders auswerten – mir kommt es darauf an, beispielhaft die Botschaft oder auch die jeweilige geistige Signatur der künstlerischen Aktivitäten aufzuzeigen, die hier ins Bild gebracht wird. Wie im Fall der Schularchitektur, so kann man auch mit Blick auf die Eurythmie untersuchen, welche „Subtexte" oder ikonografischen Botschaften sich darin erkennen lassen. Sie werden z. B. beim Ansehen einer schulischen Eurythmieaufführung (wohl zumeist unbewusst) miterlebt und bestimmen so die Wirkung anthroposophischer Schuldidaktik mit, gleichviel, ob von Esoterikern oder von wissenschaftlich orientierten Personen angeschaut. Wenn man sich einmal genauer mimetisch in das Architekturerleben oder in das Erleben einer Eurythmieaufführung hineinversetzt, wird man bemerken, dass die geistigen Gehalte oder Botschaften der „Subtexte" durch diese künstlerische Gestaltung zu einem leibhaftigen Engagement führen, sie ergreifen ganz im Sinne der Intentionen Steiners nicht nur den Kopf, sondern den „ganzen Menschen". Wie bei der Schularchitektur, so sollte auch die Eurythmiepraxis einem kritischen Diskurs daraufhin unterzogen werden, in welchem Ausmaß und in welcher Modalität es gelingt, die intendierten Gehalte auch wirklich zum Ausdruck zu bringen. Solche – gelegentlich kontroversen – Diskussionen finden unter den entsprechenden Fachleuten nach meiner Kenntnis immer wieder statt.

Es geht jedoch bei den anthroposophisch inspirierten „Bildern" nicht nur um solche gegenständlichen Phänomene wie die Architektur oder Bewegungskunst, sondern auch um *Imaginationen* (beispielsweise bestimmter Mantren wie der Vorstellung einer Lotosblüte) und um *ikonografische Symbole und ihre kulturellen*

Hintergründe. Dafür ein Beispiel.[81] Ein zentrales Imaginationsmotiv in den Schriften Rudolf Steiners ist der *Erzengel Michael*, insbesondere auch in Gestalt des *Drachenbekämpfers*. Unter den Erzengeln ist Michael aus anthroposophischer Perspektive *in der Gegenwart* ein höheres Wesen, das vor allem die Ich-Entwicklung des Menschen, seine Freiheit und Selbstständigkeit fördern möchte. Da Steiner davon ausgeht, dass wir seit einigen hundert Jahren und auch in der Zukunft im „Zeitalter der Bewusstseinsseele" leben, in dem Menschen die Entwicklung ihrer Eigenverantwortlichkeit vorantreiben müssen, wird auch mitunter vom „Michael-Zeitalter" gesprochen. Typisch für das anthroposophische Verständnis dieser historischen Geschehnisse ist aber, dass diese nicht als abstrakte Ideen dargestellt werden, sondern in Gestalt imaginations- und handlungsaktivierender innerer Anschauungen erfahrbar werden. Die Menschen sollen sich in vielfältiger Weise, auch in Gestalt verschiedener Selbstübungen und Gemütsbildungen, innig mit diesem Gedanken an den Erzengel verbinden, so dass dieser Gedanke *mit Gefühlen durchdrungen lebenspraktisch wirksam werden kann, als Ausdruck des michaelisch inspirierten tätigen Individuums.* Zwar ist die ikonografische Tradition des Drachenkämpfers auch für Steiner wesentlich, jedoch in einem tieferen und letztlich nur künstlerisch fassbaren Sinn. Auf diese künstlerische Seite einzugehen, wird daher später wichtig sein.

In einem Vortrag am 19. November 1922 führte Steiner aus, dass im letzten Drittel des 19. Jahrhunderts in der geistigen Welt bedeutsame Änderungen eingetreten seien, die wirksam auch für das menschliche Erdenleben wurden. Das führte dazu, dass man heute mit entsprechender Vorbereitung auch erkennend in diese

81 Steiner, R. (1992): Erlebnisse der Menschenseele im Schlafe und nach dem Tode in der geistigen Welt. In: Steiner, R.: Geistige Zusammenhänge in der Gestaltung des menschlichen Organismus. Sechzehn Vorträge vom 14. Oktober bis zum 9. Dezember 1922 in verschiedenen Städten. Hier der Vortrag vom 19. November. Dornach.

geistige Welt eindringen kann. Diese Änderung wurde dadurch möglich, dass an die Stelle früherer führender geistiger Wesenheiten diejenige Wesenheit getreten ist, die in der Tradition als *Michael-Wesen* bezeichnet wird, „und man kann sagen: Die Michael-Wesenheit hat die geistige Führung der Menschheit übernommen." Dieses Eingreifen Michaels in das menschliche Schicksal finde darin seinen Ausdruck, „dass eben immer mehr und mehr Menschen auch wirklich davon durchdrungen werden, dass der Mensch nicht nur durch seinen physischen Leib hier mit dem Reich der Erde zusammenhängt, sondern dass er durch sein Seelisch-Geistiges in einem fortdauernden Zusammenhange steht mit der geistigen Welt." Durch das Licht der Geisteswissenschaft werde dieses historische Geschehen nicht nur Theorie bleiben, sondern „einströmen in das menschliche Fühlen und als sich verbreitende Menschenliebe da sein." Gegen ein vorherrschendes Kopfwissen, das wie ein gesellschaftliches Krebsgeschwür wirkt, ist es erforderlich, „sich liebend und das Geliebte wollend in die Welt zu stellen." Mit einer solchen Gefühls- und Willenskultur kommt man, so Steiner, dem Michael-Wesen entgegen.[82]

Diese Entwicklung einer michaelischen Gefühls- und Willenskultur ist aber nicht nur Aufgabe der irdischen Menschen. Denn anders als in früheren Zeiten haben in diesem neuen Zeitalter jene Seelen, die sich verkörpern wollen, bereits in der geistigen Welt eine *Entscheidung* zu treffen: sie werden bevorzugt in solche Leiber einziehen, die durch andere Inkarnierte vorbereitet wurden, Seelen, die wir im vorigen Leben in irgendeiner Weise geschädigt haben. „Wir werden in der Lage sein, in einen Leib einzuziehen, der von einem Menschen hat zubereitet werden müssen, den wir besonders geschädigt haben; und der andere wird in der Lage sein, in unseren vorbereiteten Leib einzuziehen. Und dadurch wird das,

82 Es ist eine interessante Frage, ob diese der „westlichen Welt" zuzuordnende Wesenheiten auch bedeutsam sein sollen beispielsweise für den chinesischen Kulturraum – Steiner spricht oft pauschal von dem Wirken solcher Wesen in „der Menschheit".

was wir auf Erden werden vollbringen können, in einer ganz anderen Weise sich karmisch ausgleichen können als sonst. Wir werden gewissermaßen als Menschen in die Lage kommen, unsere physischen Leiber auszutauschen." Dieser Prozess ist in der planetarischen Entwicklung des Weltgeschehens notwendig, weil nur so Individuen ihr Glück *nicht* auf Kosten anderer erreichen wollen. Insofern hat die Geisteswissenschaft eine übergreifende menschheitsgeschichtliche Bedeutung: Wer sich von ihren spirituellen Impulsen durchdringen lässt, gewinnt Einsicht in diese Zusammenhänge und fördert die Michael-Wirksamkeit.

Das ist eine Sicht auf die europäische bzw. christlich-jüdische Engel-Lehre und -darstellung, die vielen Menschen unserer Zeit mindestens seltsam, wenn nicht gar im wirklichen Sinne dieses Begriffs verrückt erscheint. Andererseits ist eine *ethnografische* Sicht auf unsere Forschungsgegenstände, wie man wirklich feststellen kann, der methodologischen Fachliteratur zufolge ein Gebot der Stunde, wird aber von Kritikern der Anthroposophie auf diese nicht angewendet.[83] Wie der Name *ethnografisch* nahelegt, werden dabei Prinzipien einer *möglichst ohne Vorurteile und vorschnelle Bewertung gelenkten präzisen Beobachtung* in der ethnologischen Feldforschung auf andere Forschungsdisziplinen wie z. B. die Sozialwissenschaft und Psychologie übertragen. Die Anerkennung der Eigentümlichkeiten des Forschungsfeldes im Prozess der nach Möglichkeit teilnehmenden Beobachtung ist dafür grundlegend, was eine spätere kritische Bewertung der Forschungsgegenstände oder beobachteten Ereignisse nicht ausschließt.

83 Vorformen dieser Methode gab es unter dem Titel Ethnomethodologie schon in den 1970er Jahren, vgl. z. B. Weingarten, E. et al. (Hrsg.) (1976): Ethnomethodologie. Beiträge zu einer Soziologie des Alltagshandelns. Frankfurt/Main. In neuer Gestalt gehört die ethnografische Forschung für alle human-, sozial- und geisteswissenschaftlichen Disziplinen seit einigen Jahrzehnten zu den zentralen Forschungsmethoden, vgl. als Beispiel aus der Erziehungswissenschaft Friebertshäuser, B./Langer, A./Prengel, A. (Hrsg.) (2010): Handbuch Qualitative Forschungsmethoden in der Erziehungswissenschaft. Weinheim, 3. Auflage, S. 301ff.

Versucht man, aus dieser methodologischen Perspektive die zitierten Grundgedanken Steiners zum „michaelischen Zeitalter“ zu interpretieren, dann könnten einige wichtige Grundgedanken festgehalten werden:

1. Die „geistige Welt“ ist aus anthroposophischer Perspektive kein statisches Reich ewiger Ideen oder gleichbleibender Götter, sondern eine übersinnliche Wirklichkeit, die ihrerseits in stetiger Entwicklung begriffen ist. Erst in unserer Zeit ist es der geisteswissenschaftlichen Forschung möglich, diese Entwicklung wahrzunehmen. Es ist eine interessante Imaginationsübung, sich zu fragen, welcher Unterschied unseres *Erlebens* der geistigen Welt entsteht, wenn wir uns dieselbe statisch oder als eine sich entwickelnde Welt vorstellen.
2. Diese geistige Welt im Allgemeinen und die Welt Michaels im Besonderen sind aufs engste mit der menschlichen Entwicklung verbunden. Michael ist ein Bild für geistige Wesenheiten und ihre historische Mission mit Blick auf die Menschheit, Michael ist also kein „individueller Engel“.
3. Die im Bild des Erzengels Michael versinnbildlichte Wesenheit *dirigiert* die Menschen nicht, sondern wird, als diese Wesenheit erkannt, zu einem Bild der Bildung, zu einem handlungsleitenden Motiv – aber nur aus freier Entscheidung.[84] Wer sich mit *diesem* Michael-Gedanken verbindet, *handelt* von Liebe durchdrungen und auch aus Liebe zum Handeln (statt nur aus Neigung zu abstrakten Ideen). Sucht man einen zeitgemäßen Ausdruck für diesen Vorgang, könnte man von einer Bildung des Gefühls, der sozialen Einstellung und der volitionalen Fähigkeiten sprechen – spürt dann aber, wie ich vermute, sogleich, wie die Kraft dieser Imagination schwindet und einer eher abstrakten Sicht weicht. Diese Beschreibung der Wechselwirkung des Menschen mit der Welt der Engel stellt das Indivi-

84 Vgl. dazu auch Steiners Philosophie der Freiheit

duum in einen sinngebenden Zusammenhang mit der geistigen Welt, ohne dass es sich von dieser in irgendeiner Weise dirigiert fühlt: Das ist ein Grundmotiv in Steiners Schriften und Vorträgen und durchdringt als akzeptable Ethik die vielleicht vielen Menschen abstrus anmutende geisteswissenschaftliche Erscheinungsform.

4. Der Entwicklungsgedanke der geistigen Welt gilt auch für das vorgeburtliche Leben des Menschen: In diesem neuen michaelischen Zeitalter muss der geistige Wesenskern des Menschen, seine Seele, die *Entscheidung* treffen, im Prozess der Inkarnation bevorzugt in solche Leiber einziehen, die durch andere Inkarnierte vorbereitet wurden. Diese vorbereitenden Seelen sind solche, die wir im vorigen Leben in irgendeiner Weise *geschädigt* haben. „Wir werden in der Lage sein, in einen Leib einzuziehen, der von einem Menschen hat zubereitet werden müssen, den wir besonders geschädigt haben; und der andere wird in der Lage sein, in unseren vorbereiteten Leib einzuziehen. Und dadurch wird das, was wir auf Erden werden vollbringen können, in einer ganz anderen Weise sich karmisch ausgleichen können als sonst. Wir werden gewissermaßen als Menschen in die Lage kommen, unsere physischen Leiber auszutauschen." Gibt es einen „Subtext" zu dieser fremdartigen Feststellung?

Der beschriebene vorgeburtliche Prozess, so Steiner, ist in der planetarischen Entwicklung des Weltgeschehens notwendig, *weil nur so kein Individuum sein Glück auf Kosten anderer erreichen will.* Es ist also, wie so häufig im Werk Steiners, ein sehr moderner ethischer Gedanke (nämlich sein Glück nicht auf Kosten anderer zu suchen, Verantwortung zu übernehmen mit Blick auf Menschen, die man geschädigt hat), der aber durch seine kosmische Verankerung oder Situierung eine andere Dignität bekommt als wenn er nur der individuellen Willkür entspringen würde. Eine eher „irdische" und eine eher „spirituelle" Lesart des Doppeltextes könnte *über das Bild Michaels* in einen gefühlsbildenden Dialog dieser Fraktionierungen führen. Allerdings wird es aus der Perspektive Steiners immer zu Erkenntnisreduktionen und Einengungen des Blickfeldes kommen, wenn man diese kosmischen Zusammenhänge des Weltgeschehens zwar bei anderen akzeptiert, für die eigene Person aber ablehnt – das gilt es im Diskurs der „Fraktionen" zu beachten. In einem Vortrag, der in seiner theosophischen Phase zu verorten ist, betonte er am 19. April 1906:[85] „Es wird oft gefragt: Wozu braucht denn eigentlich der Mensch die Erkenntnisse von anderen Welten als derjenigen, in der er lebt? Wenn der Mensch seinen Mitmenschen Gutes erweist, wozu braucht er sich da um höhere Welten zu kümmern? – Dies ist ein Einwand, der sehr bald in seiner Nichtigkeit erkannt werden muss. Diejenigen Kräfte, Tatsachen und Wesenheiten, denen der Mensch in den höheren Welten begegnet, sind nämlich nicht nur wirksam in diesen, sondern sie wirken herein in unsere physische Welt. Denn die Dinge sind nicht durch sich selbst gemacht, sondern sie sind durch die Kräfte der geistigen Welt zustande gekommen. Wir erkennen auch uns selbst nur oberflächlich, wenn wir uns durch die Sinne erkennen." … „Wenn sich das eigene Innere verbunden fühlt mit dem Welteninneren, wo erst im wirklichen Sinne von innerer Entwickelung gesprochen werden kann, wenn der Mensch sich würdig und nicht in frivoler oder niedriger Weise dieser Erkenntnis nähert, dann wird sie ihm werden. Und es wird ihm gegeben, wodurch seine Menschheit immer mehr entwickelt werden kann und er ein immer würdigeres Glied im Werdegang der Menschheit wird. Keiner aber soll zu höherer Erkenntnis herauf wollen bloß um seiner selbst willen. Nur um ein Diener des ganzen Weltalls zu werden, soll der Mensch sich entwickeln, seine Kräfte erhöhen, und Erkenntnisse sammeln, heißt: seine Kräfte erhöhen." Auch hier vermischen sich wieder „subtextliche" ethische Maxi-

85 Steiner, R. (1984): Öffentliche Vorträge im Architektenhaus Berlin 1903–1918. Dornach. Hier: Vortrag über „Innere Entwickelung" vom 19. April 1906, S. 464 ff.

men, denen man sicher nicht widersprechen möchte, mit einer Betonung der gesellschaftlichen Notwendigkeit „höherer Erkenntnisse".

Aus einer anderen Perspektive als im eben zitierten Vortrag beschäftigte sich Rudolf Steiner mit dem bekannten Bild des *Drachenbekämpfers* Michael. Er betonte hier die „menschenbestimmenden Impulse" dieses Bildes, also seine wegleitende Funktion für das menschliche Selbstverständnis. Den *Bildcharakter* des Kampfmotivs müsse man strikt von der Historiografie unterscheiden, um mit Blick auf dieses Erzengel-Motiv nicht in Aberglauben zu verfallen.[86] Der Anthroposophie, so Steiner, würde oft vorgeworfen, sie sei zu intellektualistisch, wende sich zu wenig an das Gemüt. Sein Vortrag soll indessen zeigen, dass gerade solche Bild-Imaginationen sehr wichtig für eine gemüthafte Wirklichkeitsauffassung sind. „In älteren Zeiten" sprachen Steiner zufolge noch mächtige Bilder zum menschlichen Gemüt, die Welterklärungen boten. Michaels Kampf mit dem Drachen sei ein solches mächtiges Bild. Seit Mitte des 18. Jahrhunderts schwinde aber die Macht solcher Bilder. Eine „materialistische Gesinnung und Anschauung" erkläre die Entstehung des Menschen aus lebloser Materie, über die Tiere bis zum geistbegabten Menschen gehe dann die Entwicklung weiter. Aber noch im 18. Jahrhundert sahen Menschen, die „nicht schon vom Materialismus angefressen" waren, in ferner Vergangenheit geistige höhere Wesen, die noch keine physische Gestalt angenommen hatten, höchstens über einen ätherischen Leib verfügten, die aber als Menschenvorfahren angesehen wurden. Es geht dabei um die Engels-Hierarchien der Angeloi (Engel), Archangeloi (Erzengel), Archai (Urengel). Diese höheren Wesen waren aber noch nicht zur Freiheit bestimmt, in dem Sinne, wie wir heute diesen Begriff gebrauchen: Freiheit im Sinne einer intentionalen

86 Steiner, R. (1976): Die Anthroposophie und das menschliche Gemüt. Betrachtungen über die Michael-Idee und ihre wahre Gestalt und über die Wiederbelebung des Michael-Festes. Vier Vorträge in Wien vom 27. September bis zum 1. Oktober 1923. Dornach, 1976. Hier zunächst der 1. Vortrag vom 27. September.

und willentlichen Handlungsfähigkeit. Sie ließen vielmehr den „göttlichen Willen in ihre Wesenheit" einfließen, denn die „göttliche Weltenlenkung" hatte erst für eine späteren Zeit diese Freiheitsentwicklung vorgesehen.

Ich möchte nun diese Hinweise und die folgenden Vortragspassagen zur Michael-Thematik durch begleitende persönliche Eindrücke und Assoziationen kommentieren, die vermutlich die Skepsis, gelegentlich aber auch die Faszination zum Ausdruck bringen, die viele Außenstehende so oder in ähnlicher Weise bei der Lektüre empfinden dürften. Auch hier wird es wieder wichtig sein, nach möglichen „Subtexten" oder „impliziten Botschaften" zu fahnden. – Steiner weist im zitierten wie in anderen Vorträgen immer wieder darauf hin, dass eine „ältere Menschheit" derartige Ideen ausgebildet habe, in anderen Wendungen ist von „erleuchteten Mitgliedern" solcher älteren Gesellschaften die Rede – es bleibt aber unklar, welche Zeit und gesellschaftliche Gruppierungen gemeint sind. Unerläutert bleibt auch, wer „noch im 18. Jahrhundert" die Fähigkeit besessen hat, die Engel in ihrer ätherischen Gestalt und als Vorläufer des Menschengeschlechts wahrzunehmen – andere Vorträge werden vielleicht unter anderem mit Hinweisen auf mystische Strömungen dieser Zeit darüber Auskunft geben. Aber für Außenstehende ist eine solche Redeweise durchaus Anlass, das von Steiner so oft geforderte eigene kritische Urteilsvermögen gerade mit Blick auf seine Äußerungen zu aktivieren. Bemerkenswert ist wiederum der Hinweis auf *Entwicklungsprozesse der geistigen Welt, auch jener der Engel*, die für die menschliche Freiheitsentwicklung bedeutsam sind. Dass Steiner von geistigen Wesenheiten, göttlichen Weltenlenkern (statt von Gott) spricht, ist wohl *ein* Grund für die Angriffe, die immer wieder von Seiten kirchlicher Personen und Institutionen gegen die angeblich unchristliche Anthroposophie unternommen werden – unverkennbar aus einer tribunalistischen dogmatischen Position des eigenen Religions- oder Konfessionsverständnisses heraus. So merkwürdig diese Entwicklungsidee Steiners anmutet – in *diesem religionsbezogenen Dis-*

kurs stellt sie m. E. durchaus einen frische Luft heranwehenden Freiheitsimpuls dar.[87]

Aber zurück zur sich entwickelnden Welt der Engel, wie sie von spirituellen Menschen in der Vergangenheit angeblich noch wahrgenommen wurde: „Da aber – so sagten sich diese Menschen – erhob sich unter diesen Geistern, deren kosmisches Schicksal es eigentlich war, im Willen der göttlichen Geister beschlossen zu sein, eine Anzahl von solchen Wesenheiten, die ihren Willen gewissermaßen abschnüren wollten von dem göttlichen Willen, die ihren Willen emanzipieren wollten vom göttlichen Willen." Sie wollten in einem übermenschlichen Hochmut vor der Zeit in die Freiheit reifen. „Und als den Bedeutendsten, den Anführer dieser Wesenheiten dachte man sich dasjenige Wesen, das dann Gestalt bekommen hat in dem Drachen, den Michael bekämpft, jener Michael, der oben geblieben ist im Reich jener Geister, die ihren Willen auch weiterhin orientieren wollten im Sinne des göttlich-geistigen Willens, der über ihnen steht." Erst wenn im Laufe der Entwicklung die menschliche Gestalt entwickelt würde, wäre auch dieser Freiheitsimpuls möglich. Die Tiergestalt gab es damals noch nicht (der Drache ist daher nicht physisch, sondern geistig zu verstehen, er nahm eine Gestalt an, die sich im Tierreich erst später entwickelte). Seit Ende des 18. Jahrhunderts verlegte sich dieser Drachenkampf zunehmend ins Innere des Menschen. Michael musste daher seinen Kampf auch ins Inneren des Menschen hinein fortsetzen. „Damit war aber gerade in das Michael-Problem hineingelegt das Aufkeimen der menschlichen Freiheit, denn der Mensch wäre rein zum Automaten geworden, wenn der Kampf in

87 Z. B. Schroeder, H.-W. (Hrsg.) (1989): Christentum, Anthroposophie, Waldorfschule. Waldorfpädagogik im Umfeld konfessioneller Kritik. Stuttgart; Altehage, G. (Hrsg.) (1992): Im Vorfeld des Dialogs. Erwiderung der Waldorfschulen auf kritische Darstellungen von kirchlicher Seite über Anthroposophie und Waldorfpädagogik. Stuttgart; Rest, F. (1992): Waldorfpädagogik. Anthroposophische Erziehung als Herausforderung für öffentliche und christliche Pädagogik. Stuttgart/Mainz; Rittelmeyer, Chr. (1989): Okkultismus-Phobien. Anmerkungen zur Kritik an den Waldorfschulen. In: Die Deutsche Schule Heft 4, S. 475–487.

ihm sich ebenso fortgesetzt hätte wie er früher draußen war." Er musste lernen, „mit Hilfe der Michael-Kraft in sich den in seinem eigenen Animalischen wesenden Drachen zu bekämpfen." Es mag deutlich werden, dass Steiner mit solchen Deutungen die klassische symbolische Ikonologie des Drachenkampfs verlässt, die bildlichen Darstellung dieses Motivs ist für ihn weniger ein ikonografisches Symbol des Kampfes Gut gegen Böse, sondern Imaginationsanregung für eine neue spirituelle Assoziation, die man beim (gerade auch meditativen) Betrachten dieses Bildthemas entwickeln soll.

Die Drachen als Gegenspieler Michaels sind ikonografische und handlungsrelevante Imaginationen für die Unfreiheit oder für das verfrühte Streben nach Loslösung aus der göttlichen Welt, eher im (animalischen) Gefühlsleben als im kritischen Verstand oder gar im Gemüt wirksam. Ich werde später im Zusammenhang der Überlegungen zu den „Widersachermächten" Ahriman und Luzifer auf die wichtige Tatsache hinweisen, dass Steiner nicht in einem simplen Gut-Böse-Schema denkt, sondern auch im sogenannten Bösen ein sinnvolles, geistig fundiertes Phänomen erblickt. Wichtig ist, dass der Mensch es erkennt und sich in der richtigen Weise dazu verhält. Gedanken wie der von einer „Erbsünde" sind der Anthroposophie fremd – religiös-dogmatische Bilder, die unendlich viel Leid über die Menschheit gebracht haben. So ist die Verortung des Drachen „im Animalischen" auch keine Herabsetzung dieser Seite des Menschen, sondern der Aufruf, sich mit ihr bewusst auseinanderzusetzen. Aber sind solche handlungsleitenden ikonografischen Symbole, solche Bilder in der heutigen wissenschaftlichen Zeit überhaupt noch sinnvoll oder notwendig? Man muss, um diese Frage beantworten zu können, nur einmal aufmerksam auf die nach wie vor erkenntnisleitenden, durchaus fiktionalen *literarischen* Symbol-Bilder blicken, die in der gesamten Geschichte der Belletristik zu finden sind.[88]

---

88 Ich zitiere hier aus Rittelmeyer, Chr. (2015): Was lernen wir durch belletristische Literatur? In: Rat für Kulturelle Bildung (Hrsg.): Zur Sache. Kulturelle Bildung: Gegenstände, Praktiken und Felder. Essen, S. 28–30.

Bei solchen literarisch übermittelten „starken Symbolen“ geht es immer darum, dass sie relativ zeitübergreifend elementare menschliche Bedürfnisse, Bestrebungen, Verirrungen, kurz: tiefere Wahrheiten der menschlichen Existenz einprägsam darstellen und so zur bewusstseinsbildenden Urteilskraft beitragen. Oft geht es dabei um prägnante Sachverhalte, die *prosaisch nicht* zureichend darstellbar wären, sie bedürfen der künstlerischen, hier *poetischen* Form. Don Quijotes „Kampf mit den Windmühlenflügeln“ steht heute als Inbegriff einer Auseinandersetzung mit fiktiven bzw. phantasierten Gegnern, wie sie in den unterschiedlichsten Lebenssituationen vorkommen kann – gerade diese Plastizität der Metapher macht ihren symbolischen Reichtum aus. Auch die „Prinzessin auf der Erbse“ ist in dieser Hinsicht sprichwörtlich geworden für überempfindliche Menschen. Der „Rattenfänger von Hameln“ wird für jedwede Art von „Seelenfängerei“ ebenso zum Sinnbild wie „Eulenspiegeleien“ oder „Schildbürgerstreiche“ den Schabernack bezeichnen. „Die blaue Blume“ (Novalis: *Heinrich von Ofterdingen*) steht nicht nur für die romantische Sehnsucht, sondern war auch eine Leit-Metapher der deutschen Jugendbewegung zu Beginn des 20. Jahrhunderts. Michael Kohlhaas (Kleist) ist zum Inbegriff jenes moralischen Dilemmas geworden, sein legitimes Recht durch Gewalt einfordern zu wollen, wenn kein anderes Mittel mehr möglich erscheint, Goethes *Zauberlehrling* steht unter anderem für eine außer Kontrolle geratene technische Entwicklung. Gerade wegen ihres poetischen und fiktiven Charakters sind solche starken Bilder oder Symbole plastisch: Sie überdauern und übergreifen wechselnde kulturelle bzw. historische Konstellationen, weil in ihnen elementare Deutungsmuster für menschliche Lebensverhältnisse präsent sind. Oft sind es äußere gesellschaftliche Zustände, die bestimmte literarisch-symbolische Bilder der Vergangenheit wieder ins öffentliche Bewusstsein bringen: George Orwells dystopischer Roman *1984* erlangte sowohl während der US-Regierung Donald Trumps mit seinem Kult der *Fake News* als auch im Zusammenhang der Meinungsdiktatur in

Russland unter dem Regime Putins wieder einen Bestseller-Status.[89]

Es geht bei dieser Suche nach starken Symbolen offenbar um das Bemühen, sich und das gesellschaftliche Geschehen mit Hilfe solcher Bilder besser zu verstehen, bestimmte gesellschaftliche oder individuelle Verhältnisse geistig fassbar zu machen, aber immer in einer Ansprache sowohl an das Gefühl als an den Verstand. Rudolf Steiners Bezug des Michael-Motivs auf die *Gemütsbildung* ist insofern eine einsichtige Figur der Selbsterziehung. Nur geht es, wie das Bild heute nahelegen könnte, beim Drachenkampf nicht um Gut gegen Böse, sondern um eine komplexere Bildungsfigur und vor allem auch um eine „Bildlektüre", die immer auf die Aktivierung der mit diesem Motiv verbundenen *Willenshandlungen* hinweist.

Im zweiten Vortrag vom 28. September 1923 geht Steiner auf die wichtige Frage der menschlichen *Gemütsbildung* ein. Er charakterisiert hier des zwischen Denken und Wollen liegende Gemüt, das die Aufgabe habe, den verbreiteten Habitus eines kalten, trockenen, nüchternen und eigentlich geistig auszehrenden abstrakten Denkens zu überwinden (in verschiedensten Vorträgen Steiners wird immer wieder die Neigung zu *abstraktem Denken in allen Lebensbereichen* als eine der schlimmen Zeitkrankheiten bezeichnet). Gemütsbildung hingegen sei darauf gerichtet, das Gedankenleben mit „Wärme, Enthusiasmus des Fühlens" zu durchdringen – „wir können einen Menschen nur dann gemütvoll nennen, wenn uns in seinen Gedanken, indem er sie zu uns äußert, etwas entgegenströmt von innerer Wärme seines Gemütes. Und wir kommen eigentlich an einen Menschen erst dann heran, wenn er uns gegenüber nicht nur pflichtgemäß, korrekt handelt, wenn er auch

89 Es ist bemerkenswert, dass George Orwell wohl einen Ausgleich, aber auch eine inspirierende Kraft zu seinen literarischen Dystopien in der Schönheit der Rosen erblickte, die er züchtete, vgl. dazu Rebecca Solnit: Orwells Rosen. Hamburg 2022. Auf die Wichtigkeit dieser *künstlerischen* Inspiration wie Gestaltung starker Bilder und Symbole komme ich gleich zurück.

der Welt gegenüber nicht nur pflichtgemäß, korrekt handelt, sondern wenn in seinen Handlungen etwas liegt, das uns sehen lässt, es fließt in sie aus der Enthusiasmus seines Herzens, die Wärme, die Liebe für die Natur, für jedes Wesen. So sitzt gewissermaßen in der Mitte des Seelenlebens dieses menschliche Gemüt." Gemütlosigkeit hingegen führe auf Dauer zur Erkrankung der menschlichen Seele. Als Beispiel einer menschengemäßen Gemütsbildung führt er lebendige Pflanzenbetrachtungen an, wie sie früher mit Hinweisen auf den „Goetheanismus" erläutert wurden. Anders als bei den eben beschriebenen starken Symbolen aus der Literaturgeschichte geht es daher bei dem Bild Michaels um dessen *übende Erarbeitung*. Der „Drachenkämpfer", der uns erscheinen soll, ist nicht dieses tradierte Bild, das nur ein äußerlicher Hinweis ist; die Mission Michaels muss vielmehr unter anderem durch eine kraftvolle, feinfühlige, anteilnehmende Betrachtung von Pflanzen und ihren Lebensvorgängen erst in uns selber entwickelt werden. Offenbar besteht dieses „Michaelische" darin, eine willentlich gelenkte aufmerksame und gemütsbildende Wahrnehmung der Phänomene unserer Welt zu üben.

Aus einer bestimmten Perspektive kann man gerade *in der Art des sprachlichen Ausdrucks*, die Steiner hier wie in vielen anderen *Vorträgen* wählt, einen wichtigen „Subtext", eine bedeutsame Botschaft entdecken, die von erheblicher Aktualität ist. Seine auch im Bild Michaels, aber überhaupt in seinem Werk hervorgehobene zentrale Bedeutung der *Individualität* des Menschen, der im Zeitalter der „Bewusstseinsseele" seine eigenen Lebensmaximen finden und auf sein eigenes Urteilsvermögen vertrauen muss, wirft Fragen auf, die generell einen wichtigen Diskurs betreffen. Die Individuation des Menschen, der jenseits von Bestimmungen durch Kirche, Staat, Tradition, gesellschaftliche Zwänge usw. seinen eigenen Weg der Lebensgestaltung finden soll, hat stets die Frage aufgeworfen, wie ein asozialer Individualismus dabei vermieden werden kann. Der Individualismus ist, so wird gesagt, eine Errungenschaft in modernen Gesellschaften, aber er wirkt zerstörend, wenn er sich nicht verbindet mit ebenso ausgeprägten sozialen Lebensmaximen und -praktiken. Deswegen wird beispielsweise in unseren Schulen neben der Ausbildung der Urteilsfähigkeit das soziale Lernen, die Erziehung zur Solidarität oder zur Toleranz zum zentralen didaktischen „Schlüsselthema".[90] Liest man allerdings Fachliteratur zu diesen Forderungen des sozialen Lernens, dann wird selten deutlich, was solche abstrakt deklarierten Begriffe im praktischen Leben wirklich bedeuten. Die zahlreichen hier zitierten Stellen aus Steiners Werk zum Verhältnis von persönlicher Autonomie und sozialem Handeln machen indessen deutlich, dass ein zentrales Motiv in seinem Werk diese lebendige Verbindung beider Bildungsziele ist, nicht nur in pädagogischen Institutionen, sondern auch in Gestalt der Selbstbildung. Und dabei ist sein auf viele Menschen vielleicht fremdartig wirkender *Sprachstil* bedeutsam für die Vermittlung dieser Botschaft: *Gemütsbildung* beispielsweise als ein solches Feld der Verbindung sei darauf gerichtet, das Gedankenleben mit „Wärme, Enthusiasmus des Fühlens" zu durchdringen – „wir können einen Menschen nur dann gemütvoll nennen, wenn uns in seinen Gedanken, indem er sie zu uns äußert, etwas entgegenströmt von innerer Wärme seines Gemütes. Und wir kommen eigentlich an einen Menschen erst dann heran, wenn er uns gegenüber nicht nur pflichtgemäß, korrekt handelt, wenn er auch der Welt gegenüber nicht nur pflichtgemäß, korrekt handelt, sondern wenn in seinen Handlungen etwas liegt, das uns sehen lässt, es fließt in sie aus der Enthusiasmus seines Herzens, die Wärme, die Liebe für die Natur, für jedes Wesen. So sitzt gewissermaßen in der Mitte des Seelenlebens dieses menschliche Gemüt." Und „kein Individuum will sein Glück auf Kosten anderer erreichen." Wenn hingegen in wissenschaftlichen Fachpublikationen über Individuation und soziales Lernen gesprochen wird, hat man häufig den Eindruck, dass dies den Sprechenden ein äußerliches Thema ist, man spürt, es

90 Vgl. zu diesem Begriff Klafki, W. (1995): Neue Studien zur Bildungstheorie und Didaktik. Weinheim, 6. Auflage.

ist nicht inkorporiert (so wie die Beobachtung eines geschlagenen Kindes heute und in dieser Gesellschaft körperliches Unbehagen erzeugt, weil die ethische Maxime, Kinder nicht zu schlagen, eine in den Leib „eingeschriebene", eine inkorporierte ethische Einstellung wurde). Steiner spricht mit seiner leidenschaftlichen Wortwahl also ein nicht nur pädagogisch, sondern auch gesellschaftlich zentrales Bildungsproblem in einem die Gemütskräfte berührenden Stil an. Es ist ein eigenartiges Faktum, dass in den „geisteswissenschaftlichen" Ausführungen Steiners etwa über die Reinkarnation oder über die Welt der Engel eine geistige und seelische Kultur beschrieben wird, die überaus zeitgemäß, überaus modern anmutet, auch gerade mit Blick auf die aktuellen philosophischen und pädagogischen Diskurse.

Der „Drache" im Menschen ist Steiner zufolge ein Bild für geistige, seelische und körperliche Hindernisse im Lebensvollzug, die kämpferisch, d. h. durch Willensstärke und Handlungsbereitschaft überwunden werden müssen. Ein Beispiel ist die mangelnde Bereitschaft oder Fähigkeit, das für richtig Erkannte auch zu *tun*. Ebenso ist Steiner zufolge die Art, wie Anthroposophie erlebt und betrieben wird, häufig von solchen zu überwindenden Hindernissen bestimmt. Man liest z. B. anthroposophische Bücher oder hört Vorträge, findet gut und tröstlich, dass es Geister, Unsterblichkeit und dergleichen gibt, steht dann aber von seinem Sitz auf, so wie man sich hingesetzt hat – kaum verändert. Eine andere Art besteht darin, dass man beispielsweise das Bild des michaelischen Drachenkampfes in sich aufnimmt, und zwar so, dass es zu einem wichtigen, einschneidenden Erlebnis wird „und dass man im Grunde genommen als ein ganz anderer von seinem Sitze wieder aufsteht, nachdem man so etwas erlebt hat". Jahresfeste wie das Michael-Fest sollten in diesem zweiten Sinn erlebt werden, dann wird Anthroposophie als etwas Lebendiges aufgenommen. Dabei ist es notwendig, klar gefasste Gedanken als *Lebensmächte* zu empfinden. „Dieses Sich-Aufschwingen dazu, dass man von den Gedanken über das Geistige so erfasst werden kann wie durch irgend etwas Physisches in der Welt: Das ist Michael-Kraft!". Die starken Bilder, die signifikanten ikonografischen Symbole sollen also im anthroposophischen Verständnis nicht wie die beschriebenen literarischen Symbole nur als treffende Charakterisierungen fundamentaler menschlicher Verhältnisse dienen, sondern darüber hinaus eine eher meditative, das ganze Gefühls- und Willensleben ergreifende *Bildung* anregen. Es lässt sich leicht erkennen, dass die Charakterisierungen der *realen geistigen Michael-Wesenheit*, die vielleicht befremdet, durch die *zugleich* vermittelten Hinweise auf eine „michaelische" Kultur der Gemütsbildung, der Erfahrungsfähigkeit und der Bereitschaft zur aktiven, ethisch geleiteten Lebensgestaltung eine positive Anmutung auch für in spiritueller Hinsicht eher kritisch eingestellte Menschen erhalten kann.

In den Folgevorträgen beschreibt Steiner verschiedene Möglichkeiten, diese geistig inspirierte und in aktiver Willenstätigkeit handelnd verwirklichte Michael-Kraft zu entwickeln. „Der Mensch muss das Erlebnis des Geistigen wirklich haben können. Er muss dieses Erlebnis des Geistigen aus dem bloßen Gedanken, nicht etwa erst aus irgendeiner Hellsichtigkeit heraus, gewinnen können. Es wäre schlimm, wenn jeder Mensch hellsichtig werden müsste, um dieses Vertrauen zu dem Geist haben zu können." Die Michael-Kraft muss im praktischen Leben überall gesucht und aktiviert werden: Im wachen, aufmerksamen, kraftvollen Miterleben des Jahreslaufes in der Natur, beim Betrachten der Pflanzen-Schönheit, bei dem man „ein Gefühl dafür bekommen (muss), dass in allem sprießenden, sprossenden Leben elementarisch Geistiges verzaubert ist." „Und der Mensch wird ein Gefühl dafür bekommen, wie in diesem Elementarwesen die Sehnsucht lebt, grade durch ihn erlöst zu werden, nicht übergeben zu werden dem Drachen, dem es durch seine eigene Unsichtbarkeit ja verwandt ist." Er muss auch ein Gefühl dafür bekommen, dass mit dem Welken und Absterben der Pflanze im Herbst oder Winter ein Elementarwesen daraus entschlüpft, dass sich also im Jahreslauf eine Verzauberung und Entzauberung der Elementarwesen ereignet. Bei der geisteswissenschaftlichen Arbeit kann man nicht abstrakt denken, da muss alles in Bildern verlaufen. Steiner variiert hier also das früher schon besprochene Thema der Elementarwesen, das dort schon kommentiert wurde. Durch eine solche Gemütsschulung kann der Mensch auch sein willentlich (michaelisch) gesteuertes Selbstbewusstsein anders erleben: Nicht ‚Die Blume blüht' empfindet er dann, sondern ‚Mein Ich blüht in der Blume, mein Ich keimt in der Pflanze'. „Dadurch erst entsteht Naturbewusstsein". Es sei wenig überzeugend, zu sagen, ein Mensch habe Geist. „Geist hat für uns erst eine Bedeutung, wenn der Geist zu uns in konkreten Einzelheiten spricht, wenn er sich uns in konkreten Einzelheiten in jedem Augenblicke offenbart, wenn er uns Trost, Erhebung, Freude geben kann. Der pantheistische Geist in den philosophischen Spekulationen hat gar keine Bedeutung. Der lebendige Geist, der in der Natur zu uns spricht, wie die Menschenseele in einem Menschen zu uns spricht, er ist es erst, der belebend und erhebend in das menschliche Gemüt einziehen kann."

Wenn Steiner ein halbes Jahr vor seinem Tod am 10. Oktober 1924 in einem Brief an die Mitglieder der Anthroposophischen Gesellschaft die zentrale Bedeutung des Michael-Motivs betont, dann soll das seiner Intention zufolge nicht als abstrakte Idee, sondern in dieser eben charakterisierten Bildungsform nachvollzogen werden:[91] „Die Erforschung der geistigen Welt *muss* heute die Menschheit auf die geistige Tatsache aufmerksam machen, dass Michael die geistige Führung der Menschheitsangelegenheiten übernommen hat. Michael vollbringt, was er zu vollbringen hat. So, dass er die Menschen nicht dadurch beeinflusst; aber sie *können* in Freiheit *ihm* folgen, um mit der Christus-Kraft den Weg aus der Ahriman-Sphäre wieder herauszufinden, in die sie notwendig kommen mussten. Wer ehrlich, aus dem tiefsten Wesen seiner Seele, sich mit Anthroposophie eins fühlen kann, der ist ein rech-

91 Steiner, R. (1924): Anthroposophische Leitsätze. Mitgliederbrief: Michaels Aufgabe in der Ahriman-Sphäre vom 10. Oktober 1924. Dornach.

ter Versteher dieses Michael-Phänomens. Und Anthroposophie möchte die Botschaft von dieser Michael-Mission sein." Diese Botschaft, dass ein Erzengel die geistige Führung der Menschheit übernommen hat, deren Individualitäten aber nicht seinem Dirigat unterliegen, sondern ihm aus freier Entscheidung folgen oder auch nicht folgen können, ist meines Erachtens ein wichtiger „Subtext"; vom Engel beherrschte oder vom Teufel besessene Menschen gibt es im Kosmos der Anthroposophie nicht!

Nun ist es für diese Erörterung der starken Bilder, der symbolischen Repräsentationen allerdings unerlässlich, auch auf die *Qualität* der Bildgestaltungen zu blicken. Wenn es neben dem Spirituellen, Geistigen oder Übersinnlichen ein zentrales Motiv in Steiners Werk gibt, das sich mehr oder weniger deutlich durch alle Schriften und Vorträge zieht, dann ist es das „Künstlerische".[92] Es ist ein Grundmotiv der Waldorfpädagogik, aber auch vieler praktischer Initiativen Steiners wie der Entwicklung der Eurythmie, der baukünstlerischen Ideen im Goetheanum, der dort aufgestellten und zu seiner Zeit entstandenen Skulpturen, der Art seiner Tafelzeichnungen, seiner Mysteriendramen und Gedichte – um nur wenige Beispiele zu nennen. In neueren Publikationen wird in dieser Hinsicht sogar von einem „Gesamtkunstwerk" aus Vorträgen, Schriften, künstlerischen Impulsen und politischen Initiativen geschrieben. Eine im Jahr 2010 in Wolfsburg und 2011 in Stuttgart gezeigte Ausstellung hat nicht nur einen umfassenden Einblick in diesen künstlerischen Aspekt der Anthroposophie Rudolf Steiners gegeben, sondern auch deutlich gemacht, dass seine Impulse zahlreiche zeitgenössische Künstlerinnen und Künstler inspiriert haben.[93]

---

92 Z. B. Steiner, R. (1961): Kunst und Kunsterkenntnis. Stuttgart; Kugler, W. (2007): Rudolf Steiner in Kunst und Architektur. Köln; Götte, W./Boettger, Chr./Röh, C.-P. (Hrsg.) (2019): Selbst entfalten – Welt gestalten. Das Künstlerische in der Waldorfpädagogik. Stuttgart.

93 Brüderlin, M./Groos, U. (Hrsg.) (2010/2011): Rudolf Steiner und die Kunst der Gegenwart. Ausstellungskatalog Wolfsburg und Stuttgart, Köln; vgl. ergänzend auch: Vitra Design Museum (Hrsg.) (2011): Rudolf Steiner: Die Alchemie des Alltags. Ausstellungskatalog, Weil am Rhein. Ferner auch Szeemann, H. (Hrsg.)

Nicht in Gestalt einfacher Kopien des – so mein Eindruck – häufig etwas plump und schwerfällig wirkenden „Dornacher Stils" (ein Waldorflehrer bezeichnete mir gegenüber manche Waldorfschul-Bauten einmal mit dem Begriff „Waldorf-Barock"), sondern auf eine ganz eigenständige Weise der künstlerischen Darstellung. In den Statements der Künstlerinnen und Künstler wird deutlich, dass sie mit dem Geist-Begriff Steiners und mit seinen künstlerischen Anregungen sehr viel offener umgehen als beispielsweise der *Spiegel*-Redakteur Tobias Rapp, der aus Anlass der Ausstellung schrieb: „Es ist das Paradox der Anthroposophie. Auf der einen Seite handelt es sich bei den Anthroposophen um eine offensichtlich ziemlich durchgedrehte christliche Splittergruppe. Auf der anderen Seite wirkt sie mit dem, was sie macht, weit in die deutsche Gesellschaft hinein" – in der Kosmetik, Landwirtschaft, Pädagogik etc. Und wenig später: „Steiner (1861 bis 1925), der Begründer der Anthroposophie, war nicht nur einer der großen Irren der deutschen Kulturgeschichte. Aus ihm wurde auch ein mainstreamtauglicher Wellness-Philosoph, dessen Goetheanum in Dornach heute ein Wallfahrtsort ist."[94] Die Anthroposophie wird mit derartigen Beschimpfungen offensichtlich als Projektionsfläche der eigenen Obsessionen und Beschränktheiten benutzt, vergleichbar den verbalen Reaktionen auf die mehrdeutige Vorlage eines projektiven Tests: die Antworten sagen den Diagnostizierenden dann eher etwas über das urteilende Subjekt als über das beurteilte Objekt aus. Solche journalistischen Redewendungen erinnern an Hans-Magnus Enzensbergers Verdikt, dass *Der Spiegel* eine Art Bildzeitung für den gehobenen Bedarf ist.[95]

Dass gerade künstlerisch inspirierte Menschen mitunter einen unverkrampfteren Zugang zu spirituellen Praktiken und Institutio-

---

(1983): Der Hang zum Gesamtkunstwerk. Europäische Utopien seit 1800. Aarau. 2. Auflage, insbesondere S. 16–19.

94 Rapp, T.: Lichtwolken und Kuhhörner. Der Spiegel 19/2010, S. 122–123.

95 Enzensberger, H. M. (1965): Die Sprache des *Spiegel*. In ders.: Einzelheiten I. Bewusstseins-Industrie. S. 74–105.

nen finden können, ohne dabei ihre Rationalität aufzugeben, ist mir im Rahmen der *documenta fifteen* im Sommer 2022 auf eigenartige Weise erneut deutlich geworden. Eine größere Anzahl von Objekten und performativen Darstellungen waren der Kultur indigener Menschen und gerade auch ihren spirituellen Gebräuchen, Traditionen und religiösen Verlusterlebnissen gewidmet. Ich habe mich etwas länger in den Räumen der Künstlerin Saodat Ismailova aufgehalten, die ein „hybrides Werk präsentierte, das die Geister der Chilltan (‚vierzig Körper') anruft. Chilltan sind eine heilige, gestaltwandlerische Gemeinschaft von 40 weiblichen Individuen, die in Zentralasien einen geheimnisvollen Kreis besonderer Wesen mit übernatürlichen Kräften, höherem Wissen und Vorsehungen bilden. Chilltan sind das Rückgrat der zentralasiatischen Spiritualität und vereinen den lokalen Animismus, alte Glaubensvorstellungen und archetypische Mythen. Sie sind aktive Träger*innen und Bewahrer*innen des lokalen Wissens."[96] In den durchweg dunklen Räumen in einem Kellergeschoss wurden unter anderem weibliche Gesichter auf zarte Schleier projiziert, die Frauen sprachen mit geschlossenen Augen traditionelle Texte aus diesem spirituellen Kulturzusammenhang, einen meditativen Eindruck erweckend. Man konnte durch die sich überlappenden Einzelschleier hindurchgehen, es war dann, als würden die Gesichter sich verflüchtigen. Filme zeigten in einem anderen Raum spirituelle Riten und Sprüche, aufgenommen in Ländern wie Kasachstan oder Usbekistan, unter anderem beim gemeinsamen Essen. Auf (originalen zentralasiatischen) Teppichen und Kissen sitzend und liegend, hörten und schauten zahlreiche Menschen sehr gespannt und still diesen eigentümlich eindringlichen Bildern und Klängen zu, ich hatte den Eindruck, dass die überwiegend jüngeren Menschen mit großer Anteilnahme auf die wirkmächtigen, aber freilassenden Bilder- und Tonwelten konzentriert waren. Das für mich eigenartige Faktum bestand nun darin, dass diese *realen spirituellen*

96 Informationstext am Eingang zu den Ausstellungsräumen.

Handlungen im Rahmen der *documenta* als *Kunstwerke* betrachtet wurden, was sie in den wirklichen Lebenszusammenhängen vermutlich nicht sind. Aber gerade deshalb waren sie selbst als Kunst *nicht fiktional*, erfuhren also aus dieser Sicht oder in dieser Konstellation als Spiritualität Sympathie und Anerkennung. Es war offenbar die von vielen Besuchern konstatierte *künstlerische Qualität* dieser Installation, durch die jene spirituellen Vorstellungen und Rituale ihre Faszinationskraft entwickeln konnten. Könnten sich ähnliche Prozesse auch bei der Beschäftigung mit anspruchsvollen *künstlerischen* Artikulationen der Esoterik Steiners ereignen?

Auch mit Blick auf das „Gesamtkunstwerk“ Rudolf Steiners bleibt die Frage nach der *Qualität* der künstlerischen Darstellungen aktuell, im zuvor behandelten Beispiel betrifft das künstlerische Darstellungen von Engeln und speziell des Erzengels Michael: Was man da verbildlicht, ist ja wieder wegleitend für die „Geistigkeit“ oder „Ungeistigkeit“ der Engelsvorstellungen. Es lohnt sich, dieser Frage etwas ausführlicher nachzugehen, denn ähnlich wie im Fall der erwähnten gelingenden oder verfehlten Botschaften von Schulbauten könnten auch solche künstlerischen Darstellungen anthroposophischen Intentionen ent- oder widersprechen. In einem Brief an die Mitglieder der Anthroposophischen Gesellschaft erinnerte Rudolf Steiner 1924 daran, dass sich „höhere Welten“ für nicht so denkgeübte Menschen auch in Bildern offenbaren können – dabei bestehe aber immer die Gefahr von Schein-Bildern, die vom Geistigen eher ablenken, beispielsweise dann, wenn Engel mit menschlichem Leib, vogelartigen Flügeln etc. dargestellt werden – Bilder, die zu sehr „durchdrungen von Elementen des physischen Planes“ seien.[97] Aber wie können demgegenüber Bilder beschaffen sein, die einen *spirituellen Gehalt* angemessen zur Anschauung bringen? Es lohnt sich, dieser Problematik etwas genauer auch in historischer Hinsicht nachzugehen, weil hier exemplarisch verdeutlicht werden

97 Steiner, R. (1963): Briefe an die Mitglieder 1924. Stuttgart, S. 22–25.

kann, wie ein tiefergehendes „Weiterdenken“ der Engel-Thematik aussehen kann.

Es geht bei den von Steiner geäußerten Bedenken allzu „diesseitig“ anmutender Engel-Darstellungen nämlich um eine Frage, die schon den mittelalterlichen Ikonografie-Diskurs (und die Diskussion um den Ikonoklasmus, die mutwillige Zerstörung religiöser Bilddarstellungen) beschäftigte: Wie stellt man „geistige Wesenheiten“ im materiellen Bild dar, ohne ihren geistigen Gehalt zu zerstören? Es gibt mit Blick auf diese Frage eine interessante Studie von Hella Krause-Zimmer mit dem Titel *Warum haben Engel Flügel?*[98] Die Autorin hat zahlreiche, durch Rudolf Steiners Vorträge und Schriften inspirierte *kunstgeschichtliche* Studien vorgelegt. Ihre Arbeit ist beispielhaft für Autorinnen und Autoren, Forscherinnen und Forscher, die Hinweise Steiners auf eine ganz eigenständige Weise aufgreifen und so zu neuen Perspektiven und Erkenntnissen kommen, die gerade nicht im „Mainstream“ liegen, daher epistemisch weiterführend sind.[99] Auch in diesen Arbeiten sind häufig künstlerische Aspekte des Themas wegleitend. Hella Krause-Zimmer arbeitet am Beispiel mittelalterlicher Buchmalereien heraus, dass die Art, wie Engels*flügel* dargestellt werden, ein bestimmtes spirituelles Bewusstsein zum Ausdruck bringt, also ikonografisch die *geistige* „Natur“ der Engel in einer eindrücklichen Bildsprache versinnbildlicht. Wie die Flügel sich in welcher Situation (Verkündigungsgeste, Engel neben Gott stehend, den Hirten erscheinend usw.) bewegen, spreizen, straffen, das drückt jeweils einen wichtigen spirituellen Gehalt aus, der so in naturalistischer Manier nicht zum Ausdruck kommen könnte. Es ist für mich eine interessante Erfahrung gewesen, beim Nachdenken über diese ikonologischen

---

98 Stuttgart 1993, insbesondere S. 20–31.

99 Die „Goetheanistische Naturforschung“ wurde früher schon beschrieben, andere anregende Studien gelten beispielsweise der Grammatik im Schulunterricht, der Farben- und Lichtlehre, der medizinischen Anthropologie, der Phänomenologie von Vögeln, der Architektur nordischer Stabkirchen oder der Geschichte esoterischer Schulen – um hier nur wenige Beispiele zu nennen.

Studien die vielgelobte und für fortschrittlich gehaltene Renaissance-Malerei gerade auch mit Blick auf Engel-Darstellungen in ihren problematischen, antispirituellen Aspekten „dekonstruieren" zu können. Die Bildanalysen Krause-Zimmers zeigen beispielhaft, wie Anregungen Steiners und Auslegungen dieser Anregungen durch seine Schülerinnen und Schüler zur Entwicklung einer *Heuristik* führen können, die neue Perspektiven bzw. Dekonstruktionen gewohnter Sichtweisen auf bestimmte Phänomene anregen können.[100]

In der Vorrede zu seiner *Phänomenologie des Geistes* (1807) hat der Philosoph Friedrich Hegel einen historischen Prozess beschrieben, der für das Verständnis und die Qualität von Engelbildern, aber darüber hinaus für den Diskurs um „geistige Welten" wegleitend sein kann. Die mittelalterliche christliche Weltanschauung charakterisierte er mit diesen Worten:[101] „Von allem, was ist, lag die Bedeutung in dem Lichtfaden, durch den es an den Himmel geknüpft war; an ihm, statt in *dieser* Gegenwart zu verweilen, glitt der Blick über sie hinaus, zum göttlichen Wesen, zu einer, wenn man so sagen kann, jenseitigen Gegenwart hinauf. Das Auge des Geistes musste mit Zwang auf das Irdische gerichtet und bei ihm festgehalten werden; und es hat einer langen Zeit bedurft, jene Klarheit, die nur das Überirdische hatte, in die Dumpfheit und Verworrenheit, worin der Sinn des Diesseitigen lag, hineinzuarbeiten und die Aufmerksamkeit auf das Gegenwärtige als solches, welche *Erfahrung* genannt wurde, interessant und geltend zu machen. – Jetzt scheint die Not des Gegenteils vorhanden, der Sinn so sehr in dem Irdischen festgewurzelt, dass es gleicher Gewalt bedarf, ihn darüber zu erheben. Der Geist zeigt sich so arm, dass er sich, wie in der Sandwüste der Wanderer nach einem einfachen Trunk Wasser, nur nach dem dürftigen Gefühle des Göttlichen überhaupt für

100 Ausführlich dazu: Rittelmeyer, Chr. (2002): Über die bildliche Darstellung geistiger Wesen. In: Erziehungskunst 66 (2002), S. 1307–1315.

101 Hegel, G. W. F. (1973): Phänomenologie des Geistes. Frankfurt/M., S. 16f.

seine Erquickung zu sehnen scheint. An diesem, woran dem Geiste genügt, ist die Größe seines Verlustes zu ermessen."

Man kann sagen, dass die zuvor erläuterten Engelbetrachtungen eine historische Phänomenologie des „Lichtfadens" entfalten, während Rudolf Steiners geisteswissenschaftliche Mission auf den Verlust dieser spirituellen Weltsicht antwortet. „Was ist das Wichtigste, was zunächst einziehen muss in die moderne Menschenseele? Das Wichtigste, was einziehen muss, ist die Erkenntnis, dass es ein Geistesleben gibt, das unabhängig vom Menschenleibe im Menschen west und webt, und dass dieses Geistesleben dasselbe ist, dass von Verkörperung zu Verkörperung in wiederholten Erdenleben sich abspielt. Wenn man von allem Übrigen absieht, was durch unsere Seele gezogen ist, so sind diese beiden Wahrheiten solche, die – man möchte sagen – wie etwas ganz Fremdes noch hereinziehen in das moderne Geistesleben. Töricht, phantastisch erscheinen sie dem materialistischen Sinn, widersprechend allem wissenschaftlichen Geist der neueren Zeit. So erscheinen sie dem materialistischen Sinn; in vollen Zügen aber schlürft sie ein diejenige Seele, die wirklich teilgenommen hat an den Sehnsuchten und Hoffnungen, an den Kräften und Impulsen des modernen geistigen Lebens, jene Seele, die gejauchzt hat nach der Wiederkehr geistiger Verkündigung, und die gekrankt hat an dem geistigen Leben unserer Zeit, an der Unmöglichkeit, dem äußeren Leben etwas zu entnehmen, was berechtigt von einer geistigen Welt zu sprechen trotz aller modernen Wissenschaft."[102] Wie früher zitiert, sucht Steiner den heutige Zugang zu dieser geistigen Welt nicht über blinden Glauben oder durch ein atavistisches „Hellsehen" zu erreichen, also sich im Hegelschen Sinn mit dem dürftigen Gefühle des Göttlichen überhaupt zu begnügen. „Klares Denken" soll vielmehr Grundlage der Erkenntnisse sein. Gedanken, so Steiner, sind heute das beste Gefäß für Offenbarungen höhere Welten. Wer kein

102 Steiner, R. (1938): Worte Rudolf Steiners am ersten Jahrestag der Grundsteinlegung für das Goetheanum, 20. September 1914. Dornach, S. 6.

Denker sei, für den würden sich höhere Welten in Bildern offenbaren – aber diese Bilder können auch zu Scheinbildern werden, etwa wenn Engel als flügelbewehrte menschenähnliche Wesen dargestellt werden.[103]

Steiner greift damit Gedanken des ihm wohlvertrauten frühmittelalterlichen Gelehrten Dionysios Areopagita auf, dessen Werk über die „himmlischen Hierarchien" auch maßgebend für die mittelalterliche Ikonographie der Engel war, die Dionysios als „unähnliche Sinnbilder" der *geistigen Engelvorstellung* bezeichnete.[104] „Denn wir wollen nicht – gleich der ungebildeten Menge – der lästerlichen Auffassung verfallen, als wären himmlische und gottähnliche Wesen Gestalten mit vielen Füßen und allerhand Gesichtern, oder nach tierischen Vorbildern von Stieren oder nach Raubtierform geschaffen, wie Löwen, oder nach dem Muster von Adlern mit krummen Schnäbeln oder wie Vögel mit buschigem Gefieder. Wir sollen uns nicht einbilden, gewisse feurige Räder liefen da über die Himmel und Throne, wären da aus irdischem Stoff und dienten der Urgottheit zum Zurücklehnen, oder es galoppierten da gar buntscheckige Pferde herum mit speertragenden Kriegsherren auf ihren Rücken und was sonst noch alles durch die Schrift uns überliefert sein mag, in heiliger Plastik und mit farbenreicher Fülle von bedeutungsvollen Sinnbildern. Freilich hat sich die Offenbarung dichterisch geheiligter Formengebilde bedient, um gestaltlose Geister vor uns erscheinen zu lassen, weil sie, wie gesagt, auf unser Erkenntnisvermögen Rücksicht nahm. Sie sorgte aber nur für eine uns entsprechende, unserer Natur gemäße Emporführung und passte die Heiligendarstellungen anagogisch unseren Fähigkeiten an." Aus dieser mittelalterlichen Perspektive sind die bildlichen Darstellungen geistiger Wesen also nur Zwischenstufen, Hilfestellungen für unspirituelle oder geistig ungeübte Menschen, über die

---

103 Steiner, R. (1930): Über das rechte Verhältnis zur Anthroposophie. Vortrag vom 13. November 1909.

104 Dionysios Areopagita (1955): Die Hierarchien der Engel und der Kirche. München, hier S. 102.

dann zum sinnlich nicht mehr fassbaren Geistigen vorgedrungen werden kann – das meint der Begriff des Anagogischen, d. h. des „Heraufbildenden".

Das Problem einer spirituellen Gestaltung der Schrift- und Bildmedien besteht für das christlich-mittelalterliche Verständnis darin, dass die gesamte Bildungsbestrebung auf eine Erkenntnis des *Geistigen*, d. h. *Unsinnlichen* gerichtet ist, andererseits aber eine solche geistige Erkenntnis nur einem schon spirituell geschulten Bewusstsein möglich ist. Dieses ist ursprünglich allerdings nur über sinnliche Erfahrungen zu entwickeln. Die Vorstellung der mittelalterlichen Didaktik besteht daher darin, von den *spirituell gestalteten* sinnlichen Dingen zu jenen unsichtbaren, nichtsinnlichen geistigen Gehalten aufzusteigen. Diese Idee hat Hugo von St. Victor im 12. Jahrhundert so formuliert: „Unsere Seele kann nicht direkt zur Wahrheit des Unsichtbaren aufsteigen, es sei denn, sie wäre durch die Betrachtung des Sichtbaren geschult und zwar so, dass sie in den sichtbaren Formen Sinnbilder der unsichtbaren Schönheit erkennt. Da nun aber die Schönheit der sichtbaren Dinge in ihren Formen gegeben ist, lässt sich entsprechend aus den sichtbaren Formen die unsichtbare Schönheit beweisen, weil die sichtbare Schönheit ein Abbild der unsichtbaren Schönheit ist."[105]

Angeregt durch Hella Krause-Zimmers kunstgeschichtliche Studie zu den Engelsflügeln, kann man nun aus dieser „Lichtfaden-Perspektive" versuchen, die *Botschaften* zu erkennen, die durch die jeweils spezifischen Gestaltungsmerkmale der Engelbilder unter anderem in der Buchmalerei vermittelt werden.[106] Dionysios Areopagita formulierte das mediale Grundproblem mittelalterlicher Bildung: *Wie kann man Geistiges sinnlich so darstellen, dass dabei*

105 Zitiert nach Assunto, R. (1987): Theorie des Schönen im Mittelalter. Köln, 2. Auflage, S. 201.

106 Beispiele unter anderem in Nigg, W./Gröning, K. (1978): Bleibt, ihr Engel, bleibt bei mir. Berlin; Theisen, M. (2014): Engel. Himmlische Boten in alten Handschriften. Darmstadt.

noch sein geistiger Gehalt erkennbar bleibt? Intendiert wird ein Sinnlich-Konkretes, das so gestaltet ist, dass es auf ein nichtsinnliches „Jenseits" seiner selbst hinweist. Demnach sind Engel gerade dann „spirituell" gemalt, wenn sie *nicht nur* als vogelartig geflügelte Wesen in Menschengestalt dargestellt werden, wie es dann später in der Renaissance-Malerei geschieht und in einer „empiristischen" unspirituellen Tradition fortgesetzt wird, die sich schließlich über Devotionalien-Bilder des 19. Jahrhunderts (z. B. Schutzengel-Motiv) bis in moderne Werbeanzeigen fortsetzt.[107] Eine Variante dieser Tradition ist der Einfall eines Biologielehrers, die vermutete *Skelettbildung der Engel* von seinen Schülern zeichnen zu lassen: Der Ansatz der Flügelknöchelchen an den Schulterknochen ist dabei anatomisch korrekt herauszuarbeiten.[108] Typisch auch für die heutigen Engelbilder in weihnachtlichen Werbebotschaften ist der Eindruck mehr oder minder schwer am Rücken hängender Flügel. Diese Verflachung der Darstellung geistiger Gehalte lässt Hegels Verlust-Anzeige verständlich und visionär erscheinen.

Für die mittelalterlichen Engel-Darstellungen ist es dagegen vielfach charakteristisch, dass die „Flügel" dieser geistigen Gestalten – Bilder der geistigen Beweglichkeit – aus dem Haupt oder aus Hauptesnähe zu kommen scheinen, diese Region also „beflügeln". Gerade die mittelalterliche Buchmalerei belehrt uns über den spirituellen Grund dieser spezifischen Ikonographie. Sie zeigt zugleich Distanz zum menschlichen Körper und auch wieder Nähe zu dessen Fähigkeit, eine spirituelle Seelenhaltung auszudrücken. Die Flügel schmiegen sich häufig um die Aura, die das Engelshaupt umgibt, sie lodern farbenprächtig zur Himmelsregion, setzen die Verkündigungsgeste, die Ehrfurchtsgeste oder auch die Vertreibungsgeste des Engels fort, kontrastieren als „Bewegung nach

107 Abbildungsbeispiele in Rittelmeyer, Chr. (2002): Über die bildliche Darstellung geistiger Wesen. In: Erziehungskunst Heft 12, S. 1307–1315; auch in Rittelmeyer, Chr. (2009): Was sollen Kinder lesen. Stuttgart, S. 176ff.

108 Deckert, F. (1985): Engelsflügel. In: Unterricht Biologie 9, S. 48–49.

oben“ in einer Michael-Drachen-Darstellung die Auseinandersetzung mit dem, was „auf der Erde kriecht“, also in das bloße „Diesseits“ herabfällt.[109] Sie zeigen das „Maß“ und die „Ordnung“ der dargestellten geistigen Situation und vermeiden zumeist geschlechtsspezifische Attribute. Auch Details sind hier wichtig – in einer Drachenkampf-Szene z. B. die unverkrampfte, zwanglose, weiche Handhaltung des Speers durch den Erzengel, die fest auf der Erde (dem Drachen) stehende und doch von dieser sich kräftig emanzipierende Körpergestalt, die sich zum Drachen öffnende, keinerlei Fluchtassoziationen weckende „kampfesmutige“ Gebärde der Figur. Die zuvor beschriebenen „empirisch-anthropomorphen“ Engelsdarstellungen schon der Renaissance müssen daher aus mittelalterlicher Perspektive als *Verfallserscheinungen* gesehen werden; andererseits war diese Entwicklung erforderlich, um die „Dumpfheit und Verworrenheit, worin der Sinn des Diesseitigen lag“ (Hegel), zu überwinden und zu einer *Erfahrung* dieser Außenwelt zu gelangen, die ein erkennendes Ichbewusstsein überhaupt erst möglich macht. Das entspricht durchaus Gesichtspunkten der von Steiner so genannten Bewusstseinsseele im michaelischen Zeitalter. Jedoch wurde bereits zu Hegels Zeiten – sicher weitaus weniger als in unserer Zeit – ein *Empirismus bzw. Materialismus* bemerkbar, der die Erkenntnismöglichkeit für geistige Sachverhalte verdunkelte und diese nur noch als abstrakte Idee bewahrte: Der z. B. erfahrungsleer gewordene Begriff des Engels kann dann nur noch in einem Bild konkretisiert werden, das der Alltagswelt entnommen ist. Dieser Verlust spiritueller Erfahrungs- und Darstellungsformen ist es, der sich heute weitaus nachdrücklicher in vorgeblich „übernatürlichen“ Figuren wie dem „Archangel“ der Comicserie X-Men oder dem Comic-Elfenvolk der „Wolfsreiter“ artikuliert: einer Fantasy-Welt, die nicht mehr der spirituellen Phantasie, sondern einer unter dem Tarnmantel der Mythen- und Sagenwelt betriebe-

109 Wie in der Darstellung des Erzengels Michael im Liber floridus aus der 2. Hälfte des 12. Jahrhunderts. In der Herzog August Bibliothek Wolfenbüttel aufbewahrt.

nen Gegenwelt aus zudringlicher Rhetorik und Mechanisierung des Menschenbildes entspringt.

Aber wie könnte eine Bildgestaltung *heute* beschaffen sein, die Steiners komplexer Michael-Darstellung angemessen wäre? Ein grundlegendes Charakteristikum der *künstlerischen* Ikonographie besteht sicher darin, dass diese Bildwerke mehr und anderes zum Ausdruck bringen, als es durch verbale Beschreibungen möglich wäre. Sind daher beispielsweise die so menschennahen Engel Paul Klees einem modernen Engelverständnis näher als die klassische Engel-Ikonographie?[110] Lässt sich der Gehalt jener Engel-Imaginationen, die Steiner auch als Mittel spiritueller Denk-, Gefühls- und Willensschulungen darstellte, vielleicht literarisch angemessen zum Ausdruck bringen? Es ist erstaunlich, dass auch in unserer „aufgeklärten" Gegenwart ein ausgeprägtes Interesse am Phänomen der Engel besteht – seit einigen Jahrzehnten erscheinen immer wieder neue Veröffentlichungen einschließlich prächtiger Bildbände dazu.[111] Aber dabei geht es um klassische Ikonographien. Die Suchbewegung nach angemessenen Engel-Darstellungen kann mit Blick auf die zitierte Hegel-Passage und ihre eben erwähnte kunstgeschichtliche Interpretation jedoch auch eine andere Richtung einschlagen. Wenn es richtig ist, dass sich in der jeweiligen Ikonographie jener „Himmelsboten" vorherrschende mentale Habitus artikulieren, die über diese Bildnisse wiederum den Habitus mitbestimmen und festigen, dann geht es hier um einen Sachverhalt, den man durchaus als „geistig" bezeichnen kann, weil es sich dabei um einen der unmittelbaren sinnlichen Wahrnehmung nicht zugänglichen Erkenntnisbereich handelt, ähnlich den geistigen Grundlagen der reinen Mathematik.[112] Dieser Gedanke soll

---

110 Friedewald, B. (Hrsg.) (2015): Die Engel von Paul Klee. Köln.

111 Z. B. Fröhlich, A. M. (Hrsg.) (1991): Engel. Texte aus der Weltliteratur. Zürich; Giovetti, P. (1991): Engel – die unsichtbaren Helfer der Menschen. München; Wilson, P. L. (1981): Engel. Stuttgart; Wolff, U. (Hrsg.) (1994): Das große Buch der Engel. Freiburg; Rees, V. (2017): Von Gabriel bis Luzifer. Eine Kulturgeschichte der Engel. Darmstadt.

112 Auf die Schulungsfunktion der Mathematik für eine geisteswissenschaftliche

gleich noch genauer betrachtet werden, da er für die Engel-Auffassung und ihre künstlerische Darstellung wesentlich sein könnte.[113] Dafür ist jedoch zunächst eine Unterscheidung verschiedener Perspektiven auf das Engel-Thema – hier exemplarisch für die produktive Auseinandersetzung mit Steiners Beschreibungen geistiger Welten gewählt – weiterführend.

Denn der Blick auf Rudolf Steiners Beschreibungen der Engel und besonders auch des „michaelischen Zeitalters“ lässt, wie mir scheint, wiederum *drei Diskurs-Positionen* zu. Es gibt gegenwärtig sicher Menschen, die von der Existenz dieser geistigen Wesen überzeugt sind, so wie das für das mittelalterliche „Lichtfaden“-Weltbild typisch war – der von Hegel beschriebene Säkularisierungsprozess ist ihnen aber ebenso präsent, auch die damit einhergehende Position vieler anderer Menschen, dass es sich bei den Engelvorstellungen um überkommene religiöse Ansichten, wenn nicht um Aberglauben handelt. Daher ist ihr Verhältnis zu diesen Engeln ein anderes als das des mittelalterlichen Menschen. Sie finden über die Beschreibungen Steiners möglicherweise einen neuen Zugang zu diesen geistigen Wesenheiten, vielleicht sogar auf der Grundlage persönlicher Erlebnisse oder Erfahrungen.[114] Sie werden vielleicht in meditativer oder imaginativer Weise versuchen, die Hinweise Steiners zur Ausbildung entsprechender Wahrnehmungsfähigkeiten heranzuziehen. So beschrieb er beispielsweise in einem Vortrag am 17. Juli 1915 den Zusammenhang zwischen unserem Sprechen

---

Erkenntnisfähigkeit hat Steiner wiederholt aufmerksam gemacht, so in einem Vortrag auf dem Philosophie-Kongress in Bologna 1911, vgl. dazu Neider, A. (2007): Das gespiegelte Ich. Dornach (2. Auflage) sowie Steiner, R. (1948): Grenzen der Naturerkenntnis. 8 Vorträge, gehalten vom 27. September bis 3. Oktober 1920, Dornach, hier der 3. Vortrag.

113 Ich zitiere dabei aus einem Artikel, der sich auch mit künstlerischen Darstellungen geistiger Sachverhalte in Kinderzeichnungen befasst: Rittelmeyer, Chr. (2020): Der Geist in allen Dingen. Über mechanistische und spirituelle Wirklichkeitslektüren. In: Bilstein, J./Winzen, M./Zirfas, J. (Hrsg.): Pädagogische Anthropologie der Technik. Wiesbaden, S. 291–308.

114 Z.B. Debus, M./Dellbrügger, G. (1998): Engel-Erfahrungen. Was Mensch und Engel füreinander bedeuten. Stuttgart.

und der Wirksamkeit der Engel.[115] In der physischen Welt, so Steiner, schauen wir auf andere Wesen bzw. Geschöpfe als *andere*. Die Gegenstände sind draußen, die anderen Geschöpfe sind außer uns, ihre Wahrnehmung ist in uns, geht in uns hinein. Es liege nahe zu glauben, dass man in dieser Art auch die höheren Wesen der geistigen Welt wahrnimmt. Der Mensch nehme an, dass z. B. Wesenheiten der höheren Ordnungen wie Engel, Erzengel, höhere Hierarchien um ihn herum ausgebreitet existieren wie Mineralien, Pflanzen usw. So verhalte es sich jedoch in Wahrheit nicht, es würde sich vielmehr beim Kontakt mit dieser geistigen Welt eine Art Zusammenwachsen mit jenen Wesen ereignen. „Wie die verschiedenen Tiere für uns ausgebreitet sind da draußen im Raum, so dass wir sie anschauen, so werden *wir* angeschaut von den Wesen der höheren Hierarchien … Und dass sie uns anschauen, das erleben wir; und darinnen besteht eigentlich die Wahrnehmung der höheren Wesenheiten. Man müsste also immer sagen – nicht: ich nehme einen Engel wahr, – denn das entspricht nicht ganz genau dem Erleben – sondern man müsste sagen: Ich spüre, ich empfinde, dass ich von einem Engel wahrgenommen werde."

Wie erwähnt, bezieht Steiner diese Wahrnehmung des Menschen durch den Engel gerade auch auf das menschliche *Sprechen*. Anders als die „gefallenen" Engel (etwa Luzifer) will der dem individuellen Menschen zugetane „himmlische" Engel, dass dieser sich aus persönlicher freier Entscheidung auf den Weg moralisch oder ethisch richtiger Handlungen begibt, es ist schmerzlich für ihn, wenn dies nicht geschieht. Wenn man einmal intensiv imaginiert, was es für das eigene Handlungsempfinden bedeutet, wenn man davon ausgeht, dass beispielsweise die Art des eigenen Sprechens über andere Menschen „von einem Engel wahrgenommen wird", dann dürfte sich zeigen: Es entsteht eine besondere Sensitivität, ein besonderes Gefühl der Verantwortung den moralischen Qualitäten

115 Steiner, R. (1935): Das Reich der Sprache. Die Sprache als Spiegelung des Lebens höherer Wesen. Vortrag am 17. Juli 1915, Dornach.

der individuellen Sprechhandlungen gegenüber. Das (erkenntnisgeleitete?, poetische?) Bild der wechselseitigen Wahrnehmung von Engel und Mensch kann also zu einer besonderen sozialen Qualität der menschlichen Interaktion, des menschlichen Soziallebens führen, wobei der „michaelische“ *Wille zur Tat* (statt bloßer Ideale und Gedanken) wegleitend ist. In dieser ersten Diskursposition ist das geistige Wesen des Engels eine *reale Gegebenheit.*[116]

Davon unterscheidet sich eine *zweite* Diskurs-Position zum Thema der anthroposophisch betrachteten Engel. Sie ist an einem Geist-Begriff orientiert, der „diesseitiger“, aber deswegen nicht empiristischer oder materialistischer ist, eine geistige Haltung also, die den von Hegel beschriebenen „Verlust“ des „Lichtfadens“ auf andere Weise als aus der eben beschriebenen Position überwinden möchte. Was ist für diese Position „geistig“ jenseits der unmittelbar sinnlich gegebene Phänomene? Um im Hinblick auf diesen Begriff nicht auf Irrwege zu geraten, scheint es sinnvoll zu sein, ihn am Beispiel der reinen Mathematik zu erläutern. Ein Kollege aus der mathematischen Fakultät in Göttingen berichtete mir einmal im Gespräch, dass er, wenn er über moralische oder ethische Orientierungen nachdenkt, immer eine Bewegung von innen nach außen erlebe: Moralische Prinzipien seines Handelns könne er niemals als vorgegebene Regeln, sondern nur als selber hervorgebrachte oder selbst gewählte Handlungsmaximen akzeptieren. Wenn er dagegen auf dem Gebiet der reinen (also nicht anwendungsorientierten) Mathematik forsche, habe er das sichere Erlebnis, dass er mit seinem Denken eine objektive, nicht von ihm hervorgebrachte Welt erfasse, die von gleicher Dignität wie die physische ist. Diese Welt jedoch sei rein geistiger Natur. Zwar ist diese Position, die ich eine genuin spirituelle (auf geistige Tatsachen bezogene) nennen möchte, unter Fachleuten der Mathematik

116 Dazu auch das aus neuartiger Perspektive und mit interessanten historischen Bezügen geschriebene Werk von Wolf-Ulrich Klünker (2003): Die Erwartung der Engel. Der Mensch als neue Hierarchie. Stuttgart.

umstritten, von einigen wird sie als „Platonismus“ zurückgewiesen. Aber mir kommt es hier wie bei den folgenden Beispielen nicht auf diese Kontroversen an, sondern auf ein solches persönliches Erleben geistiger Gehalte in der Mathematik, aber auch in der physischen Welt. Mir scheint es wichtig zu sein, darauf zu achten, welche je besonderen seelischen Qualitäten des geistvollen Anschauens, aber nicht Besitzergreifens ideeller und physischer Gegenstände in solchen Formen spiritueller Wahrnehmung hervorgerufen und damit auch ausgebildet werden.

Ein ganz ähnliches Erleben wie der eben genannte Göttinger Kollege muss Hegel in seiner Auseinandersetzung mit den Gesetzen der Logik gehabt haben. Er betont in seiner *Wissenschaft der Logik* (1812), dass die logischen Gesetze, die wir zwar geistig erfassen, aber nicht hervorbringen, eine *Darstellung Gottes* sind, wie er in seinem ewigen Wesen vor der Erschaffung der Natur und eines endlichen Geistes ist: Auch diese Bemerkung beschreibt eine rein geistige Erfahrung. Das gedankliche Erfassen der logischen Beziehungen zwischen Sein und Nichts erschien ihm wie der Blick in eine nichtsinnliche Welt, die auch jeder andere vernünftige Mensch in der reinen Anschauung wahrnehmen kann.[117] Eine gewisse Ähnlichkeit mit dieser Art einer spirituellen Wahrnehmung hat auch die Aussage des Mathematikers und Philosophen Gottlob Frege (1918), nach der zwar das Denken, nicht aber der Gedankeninhalt (beispielsweise einer rein mathematischen Reflexion) in der Verfügungsgewalt des Denkenden stehe. Er sei, so Frege, objektiv und daher als geistiger Gehalt intersubjektiv gleichermaßen erfahrbar.[118]

Aber solche Erfahrungen können auch im Hinblick auf die physische Welt gemacht werden. So ist Goethes früher beschriebene Phänomenologie der Urpflanze zwar an empirische Erfahrungen

117 Hegel, G. W. F. (1978): Wissenschaft der Logik, Band I. Hamburg, S. 21.

118 Frege, G. (1966): Der Gedanke. In ders.: Logische Untersuchungen. Göttingen, S. 30–53.

gebunden, überschreitet diese jedoch in der Wahrnehmung von sinnlich nicht präsenten Bildeprinzipien der Blattmetamorphose: Goethes Anschauung einer immer bewegten „sinnlich-übersinnlichen“ Pflanze, eines Bildeprinzips, das erst der inneren, am Äußeren geschulten „übersinnlichen“ Anschauung zugänglich ist, kann daher als Wahrnehmung eines geistigen Gehaltes im physischen Gegenstand gelten. Gleiches gilt für dieses Beispiel: Ein Mensch geht an einem Frühjahrsmorgen im Buchenwald spazieren; unzählige Anemonen haben sich zur aufgehenden, bereits wärmenden Sonne hin geöffnet. Die hochstehenden Buchen sind wie ein zartes Blätterdach, durch das die Lichtstrahlen der Morgensonne brechen. In dem sanften, kaum wahrnehmbaren Morgendunst ist's wie ein ätherisches Lichtweben. Man hört die Vögel zwitschern und hat den Eindruck von Lebenslust. Der Boden ist mit zartem Grün der Frühjahrspflanzen bedeckt, alles scheint ganz ungestört und unberührt zu sein. Der Eindruck von Leichtigkeit, Luftigkeit, Duftigkeit und dennoch Geschütztheit stellt sich ein – sind, so fragt sich dieser Mensch, in solchen *Stimmungen* nicht die Imaginationen der Elfen entstanden? Auch hier erschöpft sich die Wahrnehmung nicht in einer platten Empirie, sondern erfasst einen geistigen Gehalt dieser Atmosphäre, der allerdings nur einem entsprechend ausgebildeten, keineswegs projektiven Sensorium zugänglich ist.

Auch Adornos Hinweis, dass Kunstwerke mehr als nur empirische Objekte sind, dass es sich bei ihnen um *geistige Gebilde* handelt, ist in diesem Zusammenhang zu nennen: Was – so heißt es in der *Ästhetischen Theorie* – in den Kunstwerken erscheine, sei ihr *Geist.*[119] Dieses Motiv lässt sich in vielen Künstleräußerungen wiederfinden. So schrieb beispielsweise der Maler Van Gogh im September 1888 an seinen Bruder: „In einem Bild möchte ich etwas Tröstliches sagen wie eine Musik. Ich möchte Männer oder Frauen mit jenem undefinierbar Ewigen malen, dessen Symbol einst der Nimbus war, und das wir gerade durch das Leuchten,

119 Adorno, Th. W. (1973): Ästhetische Theorie. Frankfurt/M., S. 134.

durch das Vibrieren unserer farbigen Gestalten suchen."[120] Der sakrale Heiligenschein wird in die Landschaft transfiguriert – deren „leuchtendes Vibrieren" dann wie eine *Sakralisierung der Bauern in der Landschaft* wirkt. – Ein Sensorium für solche geistigen Botschaften scheint auch Rilkes berühmte Beschreibung des Apollon-Torsos aus dem Louvre zu zeigen, der ihn in seiner Formensprache so tief berührte, dass er ihn sogar an eine Änderung seines Lebens denken ließ – wie überhaupt z. B. in Biographien berichtete Kunsterfahrungen häufig solche Hinweise auf tiefgreifende geistige Erfahrungen enthalten, auf Wahrnehmungen also, bei denen man den Eindruck hat, dass sie sich nicht im Erfassen der bloß physischen Erscheinungsweise eines Gegenstandes oder einer anderen Person erschöpfen, sondern einen geistigen Gehalt, eine besondere seelische „Mitteilung" erfassen.

Was ist diesen Beispielen, die sich beliebig vermehren lassen, gemeinsam? Charakteristisch ist immer, dass in den Objekten nicht bloß empirische Gegenstände, dass in Ideen nicht bloß subjektive Gedanken wahrgenommen werden, sondern auch geistige Gehalte, die man entsprechend nur geistig, aus einer sehend machenden spezifischen Seelenhaltung heraus wahrnehmen kann. Spiritualität besteht also ihrem grundlegenden Begriff nach nicht darin, dass man an Gott beziehungsweise Götter glaubt oder irgendeiner religiösen Konfession angehört, sie besteht vielmehr in diesem Wahrnehmungsvermögen für den geistigen Gehalt der (materiellen oder ideellen) Objekte. Diese Sensibilität für ein „Übersinnliches" der beschriebenen Art bietet nun auch eine Möglichkeit, genauer über unser Verhältnis zu den Engel-Vorstellungen und deren künstlerische Darstellung nachzudenken.

Wenn man noch einmal das Beispiel eines Engels herausgreift, der den einzelnen Menschen unter anderem bei seinem Sprechen empathisch wahrnimmt, dann fasst man den Engel aus dieser zwei-

---

120 Van Gogh, V. (1948): Briefe an den Bruder aus Arles, Saint-Rémy und Anvers (1888). Basel, S. 191.

ten Perspektive nicht als konkretes geistiges Wesen mit Intentionen, historischen Entwicklungen und Schicksalen auf, sondern als *vorgestelltes geistiges Wesen* im Sinne des eben beschriebenen Geist-Begriffs. – Ein Mensch spricht mit einem anderen Menschen, es geht um ein als wichtig erlebtes Thema und um die innere Haltung, dieser Person mit einem wirklichen Interesse zu begegnen. Die Vorstellung, dass ein Engel dieses Gespräch bewertend wahrnimmt, kann nun zunächst als rein gedankliches Konstrukt aufgefasst werden. Aber dieses handlungsleitende Bild, dass eine höhere Instanz auf diese Szene blickt, kann auch als eine intersubjektiv nachvollziehbare und deshalb „objektive" Form der Selbstbetrachtung erlebt werden, eine überall *mögliche* soziale Konstellation, die deshalb auch in unterschiedlichen Situationen *wirklich* werden kann (es ist dann eine Analogie zur eben zitierten Aussage Gottlob Freges gegeben, dass man von einer Objektivität bestimmter Gedanken sprechen kann, die unabhängig vom Denkenden existieren). Wie die mathematischen Gesetze, der „Geist" in Kunstwerken oder die Logik, so kann ein solcher erlebter Gedanke als etwas Überindividuelles empfunden werden (jeder kann ihn denken, also ist er geistig immer da, auch wenn wir ihn nicht denken), so wie die früher zitierten literarischen Symbole allgemeinmenschliche Fundamentalverhältnisse zum Ausdruck bringen können.

Dabei ist es allerdings wichtig, sich stets klarzumachen, eine heuristisch und auch für die Qualität der sozialen Praxis vielleicht ertragreiche *frei gewählte Perspektive* einzunehmen und den wahrnehmenden Engel nicht als intentionales geistiges Wesen zu betrachten – da wäre man dann wieder im Bereich der ersten Diskurs-Position. Es ist eine noch ganz offene Frage, wie man ein solches Empfinden in ein treffendes ikonografisches oder literarisches Bild bringen könnte. Sicher könnten das nicht mehr geflügelte Wesen in Menschengestalt sein, von deren ikonografischer Darstellung Steiner warnt, da sie „noch zu sehr durchdrungen von Elementen des physischen Planes" sind. Aber man sieht, dass die Frage nach künstlerisch angemessenen Ausdrucksformen für die Engel nur zu beantworten ist, wenn man zunächst deren zeitgemäße Auffassung im eben beispielhaft beschriebenen Sinn entwickelt hat.

Schwieriger wird der Gedankenaustausch und die wechselseitige Anerkennung mit Gesprächspartnerinnen und -partnern, die fest im *dritten* Diskursbereich verankert sind. Dass uns Engel beim Sprechen miterlebend wahrnehmen, dass es jenseits des sinnlichen Wahrnehmbaren eine geistige Welt gibt, das würde in dieser Gruppe als Aberglaube, Phantasterei oder Wahnvorstellung bezeichnet, unter Umständen sogar im Stil des zitierten Journalisten-Hinweises kommentiert, dass Rudolf Steiner „einer der großen Irren der deutschen Kulturgeschichte" (Tobias Rapp) gewesen sei. Blickt man aber, wie dies von mir versucht wird, etwas differenzierter auf die Anthroposophie mit ihren vielfältigen Facetten und „Subtexten", dann handelt es sich bei ihr um eine für diese dritte Gruppe „fremde Kultur". Dieser gegenüber gilt: Die heute so gern geforderte „interkulturelle Verständigung" und „Toleranz", die „interkulturelle Diversität" oder die Forderung nach ethnografischen Forschungsmethoden auch mit Blick auf Subkulturen der eigenen Gesellschaft verlangen eine aktive und aufgeklärte Auseinandersetzung statt nur Beschimpfung und ethnozentrische Selbstbespiegelung. Es ist daher empfehlenswert, die vielen weiteren „starken Bilder und Symbole" (wie die positiv oder negativ bewerteten „Widersachermächte" Luzifer und Ahriman) aus den beiden ersten Perspektiven zu betrachten. Es muss offen bleiben, wie angemessene künstlerische Darstellungen beispielsweise der so betrachteten Engel-Thematik heute aussehen könnten. Man wird bei aufmerksamer Auseinandersetzung mit der Rolle der Bilder, Symbole und künstlerischen Darstellungen jedoch bemerken, dass es bei ihrer anteilnehmenden Betrachtung immer auch um *praktische Übungen der Selbstschulung* geht. Eine an das Gemüt appellierende, die Lebensprozesse innerlich nachschaffende Pflanzenbetrachtung, eine Vertiefung in Steiners Beschreibungen des Michael-Bildes, das bewusste Erleben einer „geistvollen" Architektur belehren nicht nur das Bewusstsein, sondern sollen immer zugleich auch persönlichkeitsentwickelnde Selbstschulungen sein. Solche Lern- oder Bildungserlebnisse zu haben, ist vermutlich eine wesentliche Erfahrung für Menschen, die sich intensiver mit der Anthroposophie befassen.

VI. Anthroposophie als Selbsterziehung. Die Rolle der Übungen und Schulungen

Rudolf Steiner hat zahlreiche Hinweise auf Schulungsmöglichkeiten gegeben, die letztlich zur Ausbildung spiritueller Fähigkeiten im Sinne der anthroposophischen Geisteswissenschaft führen sollen. So empfiehlt er beispielsweise, regelmäßig und geduldig die folgenden fünf Übungen durchzuführen: Erstens: Sein Gedankenleben nicht wildwüchsig und assoziativ agieren zu lassen, sondern bewusst und gezielt die Gedankenfolge zu steuern, also „Herrschaft über die Gedankenführung" zu erlangen. Zweitens empfiehlt er, Herrschaft auch über seine Willensimpulse zu erlangen, also Initiativkraft des Handelns zu entwickeln, so viel wie möglich aus eigener Entscheidung zu tun, sich im Alltag entsprechende kleine Aufgaben zu stellen. Drittens sollte man üben, Gelassenheit gegenüber Lust und Leid zu empfinden. Nicht der Schmerz soll unterdrückt und negiert werden, aber das unkontrollierte Weinen, die unkontrollierte Wut sollen aktiv vermieden werden. In diesen Zusammenhang gehört auch die Empfehlung an Lehrkräfte in Schulen, sich bei der Beurteilung von Schülerinnen und Schülern nicht von Sympathien oder Antipathien leiten zu lassen – solche Gefühle muss man nicht unterdrücken, aber bei der Beurteilung bewusst und willentlich ausblenden können. (Hier wird vielleicht besonders deutlich, dass es nicht genügt, entsprechende *Überzeugungen oder Ideale* auszubilden, sondern – siehe die erwähnte Schulung der Initiativkraft – das für richtig Erkannte auch zu *tun*). Eine vierte Übung besteht darin, Positivität im Beurteilen der Welt zu üben, d. h. seine Aufmerksamkeit immer einmal wieder darauf zu richten, „Gutes" oder für gut Empfundenes zu suchen (etwa im Umgang mit Schülerinnen und Schülern). „Unbefangenheit in der Auffassung des Lebens" aktivieren zu können, ist ein fünftes

Übungsziel: Man sollte vorschnelles Urteilen vermeiden, offen für neue Erfahrungen und Weltsichten sein. Und schließlich wird als sechste Übung empfohlen, mit den vorhergehenden Selbsterziehungs-Aktivitäten keine Einseitigkeiten auszubilden, sondern diese in Einklang, in ein harmonisches Zusammenwirken zu führen, so entstehe ein inneres Gleichgewicht.[121]

Auch zahlreiche Übungen zur Ich-gesteuerten Gedankenkontrolle sind von Steiner beschrieben worden. Man kann z. B. einen Bleistift in die Hand nehmen mit dem Vorsatz, diesen einige Minuten zu betrachten und dabei nur diesen Stift im Aufmerksamkeitsfeld zu haben, alle anderen, darauf nicht bezogenen Gedanken oder Assoziationen aber auszublenden (so mag sich eine zitternde Hand ins Aufmerksamkeitsfeld drängen oder der Gedanke, nach Ende der Übung einzukaufen). Eine andere Übung zur Gedanken- und Imaginationskontrolle besteht darin, sich in strenger Aufeinanderfolge die Metamorphose z. B. einer Ackerskabiose vorzustellen, d. h. im inneren Bild die verschiedenen Entwicklungsstufen als *bewegte Gestalt* vom Samen über Keimblätter, Blütenstand etc. bis zum Absterben der Pflanze vorzustellen. Oder man erinnert sich als Lehrkraft am Abend vor dem Einschlafen möglichst präzise, wie man eine bestimmte Schülerpersönlichkeit im Unterricht erlebt hat – was am kommenden Tag dazu führen kann, diesem Individuum achtsamer zu begegnen. Steiner beschreibt ausführlich auch die *situative Gestaltung* für solche Übungen; das jeweilige Umfeld, die innere Haltung, die Art der Vor- und Nachbereitungen sind für das Gelingen solcher Meditationen und Willensübungen sehr wichtig. In seinem grundlegenden Werk *Wie erlangt man Erkenntnisse der höheren Welten?* heißt es z. B. über die angemessene innere Haltung bei solchen Übungen: „Der Geheimschüler muss die Kraft suchen, sich selbst in gewissen Zeiten wie ein Fremder gegenüberzustehen. Mit der *inneren Ruhe* des Beurteilers muss er sich selbst entgegen-

121 Zu diesen und einigen folgenden Übungsbeispielen vgl. Steiner, R. (1979): Anweisungen für eine esoterische Schulung. Dornach.

treten. Erreicht man das, dann zeigen sich einem die inneren Erlebnisse in einem neuen Lichte. Solange man in sie verwoben ist, solange man in ihnen steht, hängt man mit dem Unwesentlichen ebenso zusammen wie mit dem Wesentlichen. Kommt man *zur inneren Ruhe* des Überblicks, dann sondert sich das Wesentliche vom Unwesentlichen." „Solange der äußere Mensch die Oberhand und Leitung hat, ist dieser ‚innere' ein Sklave und kann daher seine Kräfte nicht entfalten. Hängt es von etwas anderem als von mir ab, ob ich mich ärgere oder nicht, so bin ich nicht Herr meiner selbst, oder – noch besser gesagt – ich habe den ‚Herrscher in mir' noch nicht gefunden. Ich muss in mir die Fähigkeit entwickeln, Eindrücke der Außenwelt nur in einer durch mich selbst bestimmten Weise an mich herankommen zu lassen; dann kann ich erst Geheimschüler werden."[122]

Neben solchen gut nachvollziehbaren Übungen gibt es aber auch Vorschläge Steiners (gelegentlich für einzelne Personen gegeben), die tiefergehende Meditationen anregen sollen. Man kann sie als „esoterisch" bezeichnen, weil ihr Sinngehalt nicht unmittelbar deutlich ist, sondern erst durch eine intensive Übungspraxis und die dabei gemachten „bildenden" Erfahrungen verständlich wird. Das kann in Gestalt einer gedanklichen Versenkung in bestimmte symbolische Bilder (wie das Rosenkreuz) geschehen, aber auch durch Meditationen wie diese, die am Morgen praktiziert werden soll, in vollkommener innerer Ruhe, alle sich hereindrängenden sachfremden Gedanken ausblendend: Man versenkt sich für fünf Minuten in die Zeilen: „In den reinen Strahlen des Lichtes/Erglänzt die Gottheit der Welt./In der reinen Liebe zu allen Wesen/Erstrahlt die Göttlichkeit meiner Seele./Ich ruhe in der Gottheit der Welt;/Ich werde mich selbst finden/In der Gottheit der Welt." – Unter dem Titel *Ecce homo* heißt es: „In dem Herzen webet Fühlen,/In dem Haupte leuchtet Denken,/In den Gliedern kraftet Wollen./Webendes Leuchten, Kraftendes Weben, Leuchtendes Kraf-

---

122 Dornach 1972, S. 24ff.

ten:/Das ist – der Mensch." Was dies bedeutet, ist in der intensiven erlebenden Auseinandersetzung mit dem Text zu erarbeiten. In einem weiteren Sinn sind aber auch die zahlreichen Sprüche und Gedichte, ebenso die sogenannten *Mysteriendramen* Steiners als solche Übungsvorlagen zu verstehen: Ihr Gehalt muss dann nicht unbedingt in Form von Meditationen erschlossen und nicht notwendig *als Schulung erfahren* werden, da er auch intuitiv aufgefasst werden kann.

Der Sinn solcher Übungen für eine gelingende soziale und verantwortliche Alltagspraxis dürfte jedem denkenden Menschen einsichtig sein – ein „Subtext" besteht für Außenstehende sicher darin, auch bei Zweifeln an vielen Aussagen Steiners in solchen Übungen eine humanistische Grundintention der Anthroposophie wahrzunehmen. Steiner erblickt in derartigen Übungen aber auch eine Propädeutik für tiefergehende geisteswissenschaftliche Meditationen, überdies sollen sie seinem Anliegen dienen, die anthroposophische Arbeit in der je individuellen Lebenspraxis zu verankern. Diese Schulungs-Hinweise sollen nicht in ein bloßes „Kopfwissen", in theoretisch bleibende Überzeugungen münden. Sie sollen in einer auch für Außenstehende persönlichkeitsbildenden Weise wirksam werden. In einem *Brief an die Mitglieder der anthroposophischen Gesellschaft* brachte Steiner am 27. Januar 1924 diese Anliegen eindringlich zum Ausdruck: Unter der Überschrift *Das rechte Verhältnis der Gesellschaft zur Anthroposophie* führte er aus: „Für Menschen soll Anthroposophie da sein, die in ihrer Seele die Wege zum geistigen Erleben suchen … Anthroposophie kann nur als etwas Lebendiges gedeihen. Denn der Grundzug ihres Wesens ist Leben. Deshalb will sie von der lebendigen Seele, von dem warmen Herzen gepflegt sein. Die Urform, in der sie unter Menschen auftreten kann, ist die Idee; und das erste Tor, an das sie sich bei Menschen wendet, ist die Einsicht. Wäre das nicht so, sie hätte keinen Inhalt: Sie wäre bloße Gefühlsschwärmerei. Aber der wahre Geist schwärmt nicht; er spricht eine deutliche, inhaltsvolle Sprache. Aber diese Sprache ist eine solche, die nicht allein den Verstand, sondern den ganzen Menschen ergreift. Wer nur mit dem Verstande Anthroposophie aufnimmt, der tötet sie in seinem Aufnehmen." Anthroposophie, so der Briefschreiber, sei keine Angelegenheit für Bibliotheken – nur Bücher, die Menschen ergreifen, können ihr gerecht werden. „Wer Anthroposophie von einem Menschen hört, der will den Menschen in all seinem ursprünglichen Wesen vor sich haben, nicht einen gesprochenen Aufsatz."[123]

Gespräche mit Anthroposophen, aber auch zahlreiche Publikationen in Zeitschriften wie *Erziehungskunst*, *Die Drei*, *Info3*, *Anthroposophie* oder *Das Goetheanum* (um nur wenige Beispiele anthroposophischer Periodika zu nennen), machen ebenso wie viele Buchpublikationen deutlich, dass diese und die darauf aufbauenden, dann eher spirituell orientierten Übungen von vielen Menschen als wichtig und persönlich bereichernd empfunden werden. Sie tragen sicher dazu bei, dass Steiners Lehre auf eine große Anzahl auch sehr reflektierter Leserinnen und Leser eine erhebliche Anziehungskraft ausübt. Aber bei genauer Betrachtung sind es darüber hinaus häufig Erfahrungen *künstlerischer Darbietungen* oder *besondere Redeformen* in den Schriften und Vorträgen Steiners, die einen solchen Übungs- und Schulungscharakter haben können: Sie sollen Hinweisen Steiners zufolge nicht nur erfreuen und belehren, sondern auf je individuelle Weise auch persönlichkeitsbildend wirken, sofern man sich selber aktiv miterlebend darauf einlässt.

Denn Steiners eigentliche Intention besteht ja darin, mit Hilfe der zuvor beschriebenen „exoterischen" und der darauf dann aufbauenden „esoterischen" Übungen Erkenntnisorgane für die Wahrnehmung der geistigen Welt auszubilden. So wird z. B. in seinen Vorträgen unter dem Titel *Metamorphosen des Seelenlebens* dieser Doppelaspekt von „geisteswissenschaftlicher Mitteilung" und der sie einkleidenden „schulenden" Redeform deutlich: Sie soll in einer Stufenfolge von einfachen Gedankenübungen bis zu tief-

123 Steiner, R. (1963): Briefe an die Mitglieder 1924. Stuttgart, S. 22–25.

gehenden Meditationen und Imaginationen nicht nur Organe ausbilden, um die „geistige Welt" wahrnehmen zu können; vielmehr machen diese Vorträge auch deutlich, dass über die direkten Übungen hinaus auch viele Aussagen in seinem Werk dieser Schulung dienen.[124] Dabei geht es darum, dass z. B. mit der „objektsprachlichen" Beschreibung von Erziehungsvorgängen oder sozialen Interaktionen *durch die Art* der auf Außenstehende oft fremdartig wirkenden Ausdrucksformen eine „subjektsprachliche" Botschaft verbunden ist: sich auf diese Schulung des Gemüts eigenaktiv einzulassen.

Führen derartige Übungen aber tatsächlich bei Rudolf Steiners Schülerinnen und Schülern zu jener „hellseherischen" Fähigkeit mit ihren sehr detaillierten Einblicken in längst vergangene Kulturen, frühere kosmische Zustände, Erlebnisse der Seele nach dem Tod usw., die den Kern der Anthroposophie ausmachen sollen? Ich konnte *dafür* bisher *keine* Indizien im anthroposophischen Schrifttum, aber auch in den zahlreichen Gesprächen mit Personen aus der anthroposophischen Bewegung finden! Zwar wird von vielen Menschen berichtet, dass sie durch diese Übungen zu neuen Wirklichkeitsauffassungen, zu „Grenzerfahrungen" an der Schwelle zur geistigen Welt, zu einer für den Alltag verbesserten Willenskultur, zu einer ausgeprägteren Achtsamkeit beispielsweise Kindern und Naturereignissen gegenüber angeregt worden sind.[125] Aber es darf wohl vermutet werden, dass niemand beansprucht, die geistige Welt so wahrnehmen so können, wie dies Steiner schildert. Gleichwohl scheinen die konsequent verfolgten und – das war für Steiner immer wichtig – rational und selbstkritisch geprüften Selbstschulungen häufiger zu erweiterten Erkenntnisfähigkeiten, aber auch zu positiv erlebten lebenspraktischen Haltungen zu führen, die erklären können, auf welchem Wege in verschiedenen Lebensfeldern

124 Steiner, R. (1972): Metamorphosen des Seelenlebens. Sieben Vorträge 1909–1910 in München und Berlin. Dornach.

125 Zu solchen Grenzerfahrungen z. B. Goebel, U. (2022): Die Wirklichkeit der geistigen Welt. Erfahrungen an der Schwelle. Stuttgart.

wie der Pädagogik, Landwirtschaft, Naturforschung oder Medizin *kreativ hervorgebrachte* fortschrittliche gesellschaftliche Praxen mit einem gelebten ethischen Fundament entstehen konnten. Es sind daher möglicherweise *nicht nur die direkten Mitteilungen Steiners*, die solche praktischen Initiativen ermöglichten, sondern ebenso die *indirekten Schulungen, die durch die Art seiner demonstrierten Weltzuwendung hervorgerufen werden.*

Auch Steiner selber hat diese Lesart seiner Mitteilungen gelegentlich hervorgehoben. Es sei, so betonte er 1922, „nicht für jeden Menschen notwendig, durch Intuition sich hineinzuleben in die göttlich-geistige Welt. Das muss derjenige tun, der ein Geistesforscher wird. Wenn aber der Geistesforscher das, was er in der göttlich-geistigen Welt erfährt, auf die eben charakterisierte Art in Worte kleidet, dann nimmt das solche Formen an, dass man an dem, was auf diese Art zur Offenbarung kommt, im gewöhnlichen Menschen mit Bewusstsein erlebt: Da werden Worte gesprochen, die sich nicht auf diese Welt beziehen, die sich aber mit der Kraft der ihnen innewohnenden Wirklichkeit im menschlichen Gemüte ausleben."[126] Ich vermute, dass viele Anhängerinnen und Anhänger Steiners, die seine Vorträge miterlebten, einen solchen Eindruck hatten – aber haben diese das spirituelle Erleben schulenden Redeformen in den Vorträgen Einsichten in die geistige Welt ermöglicht, wie sie Steiner beschrieben hat? Wir können es nicht wissen.

Dass sich in der rhetorischen Tiefenstruktur der Texte allerdings *achtsamkeitsschulende* Botschaften finden lassen, möchte ich mit einigen Beispielen zeigen. Es sind oft nur einzelne und kurze, stark phänomenologisch orientierte Textpassagen aus dem Werk Steiners, die man als blickerweiternde, achtsamkeitsschulende erkenntnistheoretische Miniaturen bezeichnen kann. Eine solche Charakterisierung mikrosozialer Situationen, mit der man auf-

126 Steiner, R. (1980): Die Philosophie, Kosmologie und Religion in der Anthroposophie. Zehn Vorträge Dornach 6. bis 15. September 1922, Dornach, hier der 2. Vortrag, S. 39f.

merksam experimentieren sollte, findet sich beispielsweise in Steiners *Allgemeiner Menschenkunde*, die als grundlegende anthropologische Einführung in die Waldorfpädagogik diente.[127] „Stehen Sie einem Menschen gegenüber, dann verläuft das folgendermaßen: Sie nehmen den Menschen wahr eine kurze Zeit; da macht er auf Sie einen Eindruck. Dieser Eindruck stört Sie im Innern. Sie fühlen, dass der Mensch, der eigentlich ein gleiches Wesen ist wie Sie, auf Sie einen Eindruck macht wie eine Attacke. Die Folge davon ist, dass Sie sich innerlich wehren, dass Sie sich dieser Attacke widersetzen, dass Sie gegen ihn innerlich aggressiv werden. Sie erlahmen im Aggressiven, das Aggressive hört wieder auf; daher kann er nun auf Sie wieder einen Eindruck machen. Dadurch haben Sie Zeit, Ihre Aggressivkraft wieder zu erhöhen, und Sie führen nun wieder eine Aggression aus … Das ist das Verhältnis, das besteht, wenn ein Mensch dem anderen, das Ich wahrnehmend, gegenübersteht: Hingabe an den Menschen – innerliches Wehren; Hingabe an den anderen – innerliches Wehren; Sympathie – Antipathie; Sympathie – Antipathie … da vibriert die Seele; es vibrieren: Sympathie – Antipathie, Sympathie – Antipathie … Indem die Sympathie sich entwickelt, schlafen Sie in den anderen Menschen hinein; indem die Antipathie sich entwickelt, wachen Sie auf und so weiter."

Solche Aggressionen in einem friedlichen Gespräch mit Freunden? Die Wortwahl ist ungewöhnlich, man wird aber entdecken können, dass es hier in der Regel um sehr feine soziale Prozesse dieser Art geht. Dass man einer Dialogpartnerin oder einem Dialogpartner nicht gerecht wird, wenn man diese fremde Individualität im Prozess des Fremdverstehens in die eigenen Ich-Strukturen auflöst, ist nämlich ein Umstand, der in der Philosophie unserer Zeit tiefgründig reflektiert wurde. So unterschied Emmanuel Lévinas mit Blick auf die Verständigung zwischen Menschen ein Odysseus- von einem Abraham-Projekt: *Verstehen* heißt im ersten Fall, nach

127 Steiner, R. (1975): Allgemeine Menschenkunde als Grundlage der Pädagogik. Erziehungskunst I. Dornach, Vortrag vom 29. August 1919. Dornach.

der Begegnungs-Odyssee ins eigene vertraute Land zurückzukehren, d. h. das Fremde des Anderen den eigenen Ich-Strukturen anzupassen: Ich habe dieses Fremde in meinem gewohnten Denkhorizont eingegliedert und damit vermeintlich „verstanden". Ganz anders Abrahams Aufbruch in ein unbekanntes Land ohne Wiederkehr: eine in *dieser* Weise gestaltete Verständigung ist immer auch ein Aufbruch in die Fremde, die einen selber verwandeln kann.[128] Auf diese *existentielle* Ebene verweist Steiners Dialogcharakterisierung gerade durch ihre sehr drastisch erscheinende Wortwahl.

Man kann die kurze Passage auch auf die folgende psychologische, überaus aktuelle Problematik beziehen: Ein seit einigen Jahren genauer erforschtes antisoziales Verhalten, das mit dem Begriff *Aggressive Conduct Disorder* bezeichnet wird, betrifft die unberührte, gleichgültige oder sogar Vergnügen bereitende Betrachtung von Schmerzen, die anderen Menschen zugeführt werden.[129] Forschungen zeigen, dass sich hier ein Aussetzen der körperlichen Resonanzen ereignet, die das *mimetische* Mitempfinden fremder schmerzhafter Leibeserfahrungen ermöglichen.[130] Vermutlich wird man als hinreichend sensibler Mensch aber auch wissen, dass die *Beobachtung* leidvoller Erlebnisse anderer Menschen, etwa die eines geschlagenen Kindes, kaum ohne antipathische *Körpersensationen* erfolgt. Wären diese nicht vorhanden, käme es vermutlich über eine computergleiche Registrierung „leidvolle Erfahrung" oder „geschlagenes Kind", also über einen gleichgültigen Wahrnehmungsakt im Sinne des ACD, nicht hinaus.

Allerdings gibt es auch eine *seelische und physiologische Abdämpfung* das nachahmenden Verhaltens, die sich mit zuneh-

---

128 Lévinas, E. (1987): Die Spur des Anderen. 2. Auflage, Freiburg.

129 Decety, J./Michalska, K. J./Akitsuki, Y./Lahey, B. B. (2009): Atypical empathic responses in adolescents with aggressive conduct disorder: A functional MRI investigation. In: Biological Psychology 80, S. 203–211.

130 J. Osborn/S. W. G. Derbyshire (2010): Pain sensation evoked by observing injury in others. In: Pain 148, S. 268–274. Ausführlich zu solchen Prozessen auch Rittelmeyer, Chr. (2014): Aisthesis. Zur Bedeutung von Körper-Resonanzern für die ästhetische Bildung. München, S. 79 ff.

mendem Alter in der Regel stärker ausprägt. Wir würden anderenfalls unsere Mitmenschen dauernd imitieren, beispielsweise ein beobachtetes Weinen durch eigenes Weinen beantworten, ohne seelische Distanz. Das wird als Krankheitsbild der Echolalie oder Echopraxie bezeichnet. Auch diese hemmenden Impulse, die uns den inneren Abstand und die Erkenntnisfähigkeit dem anderen Menschen gegenüber ermöglichen, sind von Neurologen und Psychologen erforscht worden.[131] In der heute verbreiteten mechanistischen Sprache der Hirnforschung wird von einem „Sperrmechanismus" gesprochen, der verhindert, dass wir uns mit dem anderen Menschen zu distanzlos identifizieren. Es ist offensichtlich, dass es hier um eine Ich-Tätigkeit geht, die je nach Situation stärker imitativ oder defensiv wirksam wird. Beobachtet man sich beim Gespräch mit einer anderen *erwachsenen* Person genauer, so wird man dieses Fluktuieren zwischen der mehr oder minder ausgeprägten empathischer Hingabe und der inneren Distanzierung bemerken: Will ich die andere Person verstehen, so gebe ich mich in einem gewissen Sinn ihrer geistig-seelischen Ausdrucksform hin, ich schlafe gewissermaßen in sie hinein; sobald ich sie aber als fremde Individualität wahrnehme, die für mich – anders, als bestimmte seelische Äußerungsformen – *nicht* sichtbar ist, sondern sich nur als diese unberührbare Kraft zu erkennen gibt, dann distanziere ich mich, wache gleichsam auf, besinne mich auf mich selbst als *Widerpart* der anderen Person, als *andere* Individualität, stelle also Distanz her.

Es ist eigenartig, aber man kann die zitierte Passage auch auf eine Grundcharakteristik der ästhetischen Wahrnehmung beziehen – nur geht es hier um eine Subjekt-Objekt-Beziehung, um die ästhetisch wahrnehmende Individualität und das Kunstwerk. Man kann sich das Gemeinte am Beispiel konträrer Musikerfahrungen verdeutlichen: Auf der einen Seite steht das Ergriffenwerden im wahren Sinn des Wortes, auf der anderen das Erlebnis des Musik-

131 Zaboura, N. (2009): Das empathische Gehirn, Wiesbaden.

Experten, der mit der Partitur auf dem Knie während des Konzertes kritisch prüft, ob „richtig" intoniert wird. Liegt im ersten Fall eine Inbesitznahme des hörenden Subjekts durch das ästhetische Objekt vor, so im zweiten eine des betrachteten Objekts durch das die Aufführung begrifflich festsetzende Subjekt. Dass solche wechselseitigen Usurpationen des Subjektes durch das Objekt und des Objektes durch das Subjekt sich nicht ereignen, wird immer eine Maxime freier Menschen sein. Und gerade im ästhetischen Bereich gilt, dass man, wenn man in ein reflektiertes Empfinden zwischen diesen Extremen kommt, eine so *nur in der ästhetischen Sphäre* mögliche *Freiheitserfahrung* machen kann. Hier wie in der Alltagskommunikation geht es also um sehr grundlegende Prozesse der menschlichen Kommunikation, die Steiner durch seine expressive Wortwahl deutlich macht. Und die drei Kontextualisierungen – Levinas, Aggressive Conduct Disorder, Eigenart ästhetischer Wahrnehmung – dienen durchaus auch ihrerseits der Schulung des Wahrnehmungsvermögens, wenn man sich miterlebend darauf einlässt.

Ein bedeutsamer Schulungsaspekt ist sicher auch in der Ausbildung professioneller Handlungsformen in den verschiedenen anthroposophischen Praxisfeldern wie der Medizin, Heilpädagogik oder Landwirtschaft zu sehen. Denn immer geht es dabei nicht nur um den Erwerb grundlegender Fähigkeiten und Kenntnisse, sondern auch um anthroposophisch fundierte Selbstschulungen. Das sei am Beispiel der Waldorfpädagogik veranschaulicht. In schriftlich fixierten Leitgedanken für einen Vortrag aus Anlass der Waldorfschul-Gründung in Stuttgart betonte Rudolf Steiner im Jahr 1923 die Bedeutung einer „richtigen Erziehergesinnung" für eine kindgerechte Pädagogik.[132] Der heute fragwürdig erscheinende Begriff bezeichnet bei ihm jedoch nicht irgendeine pädagogische Dogmatik, sondern eine für neue, am Kind orientierte Erfahrun-

132 Steiner, R. (1973): Skizze eines Vortrages für die „künstlerisch-pädagogische Tagung der Waldorfschule" vom 25. bis 29. März 1923. In ders.: Die Erziehung des Kindes vom Gesichtspunkte der Geisteswissenschaft. Dornach, S. 51–55.

gen immer offene *Haltung*. Deren wesentliche Merkmale werden in diesem Text charakterisiert. Unter anderem ist es die Fähigkeit, Kinder in ihren typischen Lebensäußerungen wie dem freien Spiel aufmerksam wahrzunehmen, nicht mit distanziertem, sondern mit anteilnehmendem Blick, um daraus Merkmale einer kindgemäßen Didaktik entwickeln und erproben zu können. „Man lernt das menschliche Wesen nicht in einem passiven Wissen kennen. Was man über den Menschen *weiß*, muss man wenigstens bis zu einem gewissen Grade als das Schöpferische des eigenen Wesens *empfindend* erleben; man muss es im eigenen Wollen als wissende Tätigkeit erfühlen.

Ein passives Wissen vom Menschen kann nur zu einer lahmen Erziehungs- und Unterrichtspraxis führen. Denn der Übergang von einem solchen Wissen zur Praxis muss in äußerlichen Anweisungen zur Betätigung bestehen. Auch wenn man sich diese Anweisungen selbst gibt, bleiben sie äußerlich. Wer in echter Menschen-Erkenntnis die kindliche Wesenheit auf dem Wege von dem Spiel zur Lebensarbeit belauschen kann, der erlauscht auf der Zwischenstation die Natur des Lehrens und Lernens. Denn beim Kinde ist das *Spiel* die *ernste* Offenbarung des inneren Dranges zur Tätigkeit, in welcher der Mensch sein wahres Dasein hat. Es ist eine leichtsinnige Redensart, zu sagen: die Kinder sollen ‚spielend lernen'. Ein Pädagoge, der seine Tätigkeit darnach einrichtete, würde doch nur Menschen erziehen, denen das Leben mehr oder weniger ein Spiel ist. – Es ist aber das Ideal der Erziehungs- und Unterrichtspraxis, in dem Kinde den Sinn dafür zu wecken, dass es mit demselben *Ernste* lernt, mit dem es spielt, so lange das Spielen der einzige seelische Inhalt des Lebens ist."

Ein weiteres Merkmal dieser zu übenden pädagogischen Haltung ist eine alle Fachgebiete und auch das gesamte pädagogische Ambiente (wie Kindergarten- oder Schulbauten) betreffende *künstlerische* Einstellung. „Es ist schade", so Steiner, „dass von Schillers ‚Ästhetischen Briefen' eine so geringe Wirkung auf die Pädagogik ausgeübt worden ist. Für die Stellung der Kunst in der

Erziehungs- und Unterrichtspraxis hätte sich durch eine stärkere Wirkung manches Wichtige ergeben. Die Kunst, sowohl als bildende, wie als dichterisch-musikalische wird von der kindlichen Natur verlangt. Und es gibt eine Beschäftigung mit der Kunst, die auch schon dem Kinde angemessen ist, wenn es in das schulmäßige Alter eintritt. Man sollte als Pädagoge nicht zu viel davon reden, dass diese oder jene Kunst zur Ausbildung dieser oder jener menschlichen Fähigkeit ‚nützlich' ist. Die Kunst ist ja doch um der Kunst willen da. Aber man sollte als Pädagoge die Kunst so lieben, dass man ihr Erleben den werdenden Menschen nicht entbehren lassen will. Und man wird dann sehen, was dieser werdende Mensch – das Kind – an dem Erleben der Kunst wird. Der Verstand wird an der Kunst erst zum wahren Leben erweckt. Das Pflichtgefühl reift, wenn der Tätigkeitsdrang künstlerisch in Freiheit die Materie bezwingt. Künstlerischer Sinn des Erziehenden und Lehrenden trägt Seele in die Schule hinein. Er lässt im Ernste froh sein, und in der Freude charaktervoll. Durch den Verstand wird die Natur nur begriffen; durch die künstlerische Empfindung wird sie erst erlebt. Das Kind, das zum Begreifen angeleitet wird, reift zum ‚Können', wenn das Begreifen lebensvoll getrieben wird; aber das Kind, das an die Kunst herangeführt wird, reift zum ‚Schaffen' … Das Kind, das noch so ungeschickt modelliert, oder malt, erweckt in sich durch seine Tätigkeit den Seelenmenschen. Das Kind, das in das Musikalische und Dichterische eingeführt wird, erfühlt das Ergriffensein der Menschennatur durch ein idealisch Seelisches. Es empfängt zu seiner Menschlichkeit eine zweite.

Alles dies wird nicht erreicht, wenn das Künstlerische nur neben der andern Erziehung und dem andern Unterricht hergeht, wenn es diesem nicht organisch eingegliedert ist. Denn aller Unterricht und alle Erziehung sollten ein Ganzes sein. Erkenntnis, Lebensbildung, Übung in praktischer Geschicklichkeit sollten in das Bedürfnis nach Kunst einmünden; das künstlerische Erleben sollte nach dem Lernen, dem Beobachten, dem Aneignen von Geschicklichkeit Verlangen tragen."

Es geht bei den zitierten Überlegungen Steiners jedoch nicht nur um eine einzuübende pädagogische Grundhaltung. Die historische und aktuelle Einordnung in jeweilige Diskurse der Erziehungspraxis und Erziehungswissenschaft lässt auch wieder „Subtexte“ deutlich werden, die *solche* pädagogischen Ideen als visionär und überaus zeitgemäß erscheinen lassen. Denn diese engagierten, anteilnehmenden Grundgedanken für einen Vortrag erscheinen hellseherisch und modern, wenn man bedenkt, dass sie vor rund 100 Jahren formuliert wurden: In einer Zeit der Prügelpädagogik in Schulen, der lieblosen autoritätsfixierten Erziehung, der „schwarzen Pädagogik“.[133] Die Überschriften, unter denen Willi Schohaus Erfahrungsberichte von Schülerinnen und Schülern aus der wilhelminischen Ära zusammenstellte, lassen den Erlebnishorizont der Jugendlichen ahnen: „Schläge am ersten Tag/Ordnung muss sein/ Der Lehrer als Gott/Es fehlt das Begreifen/Spott, Hohn und Sarkasmus/Das stundenlange Stillsitzen/ Es ist eine Schande, ein schlechter Schüler zu sein/Der ewige Zwang, mit gefalteten Händen in der harten Bank zu sitzen/Wer nicht turnen kann, wird nie etwas Rechtes/Prügel und kein Ende/Singen als Tortur.“[134] Zwar entstand in dieser Zeit auch die in sich vielfältige Reformpädagogik mit wichtigen neuen Ideen und Experimenten, sie war aber nicht bestimmend für das Schulwesen jener Zeit, Ellen Key sprach vielmehr von den „Seelenmorden der Schule“,[135] auch zeigten sich in der Reformpädagogik durch die Etablierung von Führerprinzipien und restriktiven Erziehungsvorstellungen häufiger wieder die alten Krankheiten der „schwarzen Pädagogik“.[136] Das Schulwesen war, wie es bereits Friedrich Nietzsche 1872 im zweiten seiner Vorträge über die Zukunft unserer Bildungsanstalten formulierte, zum men-

133 Rutschky, K. (Hrsg.) (1977): Schwarze Pädagogik. Quellen zur Naturgeschichte der bürgerlichen Erziehung. Frankfurt/M.

134 Schohaus, W. (1930): Schatten über der Schule. Zürich.

135 Key, E. (1905): Das Jahrhundert des Kindes. Berlin.

136 Oelkers, J. (2005): Reformpädagogik: Eine kritische Dogmengeschichte. Weinheim, 4. Auflage.

schenfeindlichen „Bildungsgebaren" erstarrt: „Der erste, der es wagen wird, auf diesem Gebiet ganz ehrlich zu sein, wird den Widerhall seiner Ehrlichkeit aus tausend Seelen zu hören bekommen. Denn im Grunde ist unter den edler begabten und wärmer fühlenden Menschen dieser Gegenwart ein stillschweigendes Einverständnis: jeder von ihnen weiß, was er von den Bildungszuständen der Schule zu leiden hatte, jeder möchte seine Nachkommen mindestens von dem gleichen Drucke erlösen, wenn er sich selbst auch preisgeben müsste."[137] Man kann sich vorstellen, dass „edler begabte und wärmer fühlende Menschen" jener Zeit die pädagogischen Ideen Steiners mit Begeisterung aufgegriffen haben, auch wenn sie anderen Ideen der Anthroposophie eher skeptisch begegneten. Dieser historische Bezug eröffnet daher auch den Blick auf einen „Subtext", der von mit der Erziehungsgeschichte Vertrauten immer „mitgelesen" wird, wenn sie Äußerungen wie die zitierten interpretieren und im erwähnten Sinn auch als Schulungsanregungen verstehen.

Die zitierten Vortragsgedanken Rudolf Steiners, die exemplarisch für viele andere seiner pädagogisch-didaktischen Ideen stehen, fallen also vollkommen aus dem damaligen pädagogischen Zeitgeist heraus und können nicht zuletzt in Gestalt ihrer auch von Nietzsche ersehnten liebevollen, anteilnehmenden Diktion als *achtsamkeitsschulende* wegweisende Hinweise gelten. Es ist eine Sprache, die sich erstaunlich prägnant von dem zumeist knochentrockenen Sprachstil damaliger Standardwerke der Pädagogik unterscheidet, zum Beispiel von Wilhelm Reins *Pädagogik in systematischer Darstellung* (1911) oder von Friedrich Wilhelm Frickes *Erziehungs- und Unterrichtslehre* (1882). Dieser zukunftsweisende pädagogische Impuls Steiners dürfte beim Lesen des Vortragsentwurfs sogar wahrgenommen werden, wenn man den historischen Zusammenhang nicht unmittelbar kennt. Denn auch

---

137 Nietzsche, F. (1997/1872): Über die Zukunft unserer Bildungsanstalten. In ders.: Werke Band III, Darmstadt, S. 197.

wenn die Zeiten der „Prügelpädagogik“ nicht als historisches Faktum bewusst sind, so dürften sie im „kollektiven Unbewussten“ noch präsent sein – die Prügelstrafe in Schulen wurde in der Bundesrepublik Deutschland erst in den 1970er Jahren gesetzlich verboten und ist vielen älteren Menschen noch in Erinnerung.[138]

Ein überaus aktueller „Subtext“ ist auch die *utilitarismuskritische* Einstellung, die in den zitierten Äußerungen zu erkennen ist. Denn Steiner zufolge muss die Neigung, Kinder aus vorrangig utilitaristischen Perspektiven zu betrachten, ebenfalls durch Schulung überwunden werden – und das geschieht vielfach durch die besondere Didaktik, die er in seinen Kursen für Lehrerinnen und Lehrer entwickelte.[139] Auch ein künstlerisch inspirierter Unterricht wird also nicht allein unter eine solche Devise seiner „gesellschaftlichen Nützlichkeit“ gestellt werden können. „Alles, was aus reinem Nützlichkeitsprinzip, aus Einzel- oder Gesamtegoismus heraus geschaffen wird, ist in Zukunft des Menschen Feind. Wir fragen heute viel zu viel nach dem Nutzen dessen, was wir tun. Wenn wir die Entwicklung wirklich fördern wollen, so dürfen wir nicht nach dem Nutzen fragen, sondern vielmehr danach, ob etwas schön und edel ist. Wir sollten nicht nur aus dem Nützlichkeitsprinzip heraus handeln, sondern aus reiner Freude am Schönen. Alles, was der Mensch heute schafft, um sein künstlerisches Bedürfnis zu befriedigen, aus reiner Liebe am Schönen, auch das wird sich in Zukunft beleben und es wird zur Höherentwicklung des Menschen beitragen. Aber furchtbar ist es, heute sehen zu müssen, wie viele Tausende von Menschen schon von der frühesten Kindheit an dazu

---

138 Kontrovers dürfte jedoch Steiners Betonung einer „echten Menschenerkenntnis“ als Grundlage der Erziehung bewertet werden; zu dieser Diskussion vgl. Rittelmeyer, Chr. (2016): Pädagogische Anthropologie in Erziehungswissenschaft und Waldorfpädagogik. In: Schieren, J. (Hrsg.): Handbuch Waldorfpädagogik und Erziehungswissenschaft. Weinheim, S. 119–140.

139 Steiner, R. (1975): Erziehungskunst. Methodisch-Didaktisches. Vortragskurts zur Begründung der Freien Waldorfschule in Stuttgart vom 21. August bis zum 5. September 1919. Dornach.

angehalten werden, keine andere Tätigkeit zu kennen als die um des materiellen Nutzens willen, abgeschnitten zu sein zeitlebens von allem Schönen und Künstlerischen. In den ärmsten Volksschulen sollten die herrlichsten Kunstwerke hängen, das würde unendlichen Segen bringen in der menschlichen Entwicklung. Der Mensch baut sich selbst seine Zukunft."[140]

Diese Forderung einer *künstlerisch* geprägten Pädagogik, auf die viele Schulungsvorschläge Steiners ausgerichtet sind, wird als bahnbrechende und daher wohl vielfach positiv assoziierte auch erkennbar, wenn man sie auf den gegenwärtigen Diskurs um die *Kulturschulen* bezieht. Ein kurzer Exkurs soll zeigen, wie sehr die Auffassung bestimmter Äußerungen Steiners abhängig davon ist, in welchem historisch-gesellschaftlichen Kontext man sie verorten kann. Denn was Rudolf Steiner mit Blick auf die zentrale Rolle der Kunst im Bildungsprozess vor rund 100 Jahren vorgetragen hat, wird gegenwärtig – wie früher schon erwähnt – mit dem Programm der *Kulturschulen* angestrebt.[141] Während es weltweit zahlreiche Schulen mit künstlerischen Schwerpunkten gibt, weisen viele deutsche Kulturschulen mindestens programmatisch ein sehr viel weitergehendes Profil auf: In ihnen sollen ästhetische bzw. künstlerische Elemente *in allen Fächern* bedeutsam werden, auch in den Naturwissenschaften und in der Mathematik, sowie in der gesamten Schulkultur bis in die architektonische Gestaltung hinein. Das ist aber genau *die* Programmatik, die Steiner in dem zitierten Text fordert. Diese umfassende Rolle des Künstlerischen ist für die Waldorfschulen seit ihrer Gründung wesentlich. Das hessische Kultusministerium sieht die Kulturschulen ausdrücklich als „Referenzschulen mit Strahlkraft für andere Schulen" an, in denen „die bildenden Potentiale von Kunst und Kultur zur optimalen Förderung aller Kinder und Jugendlichen beitragen kön-

140 Steiner, R, (1978): Aus den Inhalten der esoterischen Stunden, Band I. Dornach; hier Stunde am 16. Januar 1908, S. 299.

141 Braun, T./Fuchs, M./Kelb, V./Schorn, B. (Hrsg.) (2013): Auf dem Weg zur Kulturschule II. München

nen."[142] „Hessen hat sich damit … auf den Weg begeben, Schule als einen Lernort zu gestalten, der nicht nur zeitlich begrenzte kulturelle Projekte erlaubt, sondern der die besonderen Erfahrungs- und Kommunikationsqualitäten ästhetisch-künstlerischer Praxis zum Gestaltungsprinzip der Schule erklärt. ‚KulturSchule' ist daher kein Ergänzungsprogramm, das ‚on top' auf die Aufgaben und bestehenden Profile einer Schule aufgeladen wird. Vielmehr geht es darum, allen Herausforderungen der Schule als KulturSchule zu begegnen und dabei z. B. neue Arbeitsweisen und -prozesse, Kommunikationsstrukturen, Raum und Zeitformen zu entwickeln, die dem kreativen Potential aller Beteiligten Raum geben und die unterschiedlichen Ebenen des schulischen Handelns verändern."[143] Ich erwähne die Kulturschulbewegung in diesem Schulungskapitel, weil mir Lehrkräfte aus dem hessischen Kulturschulprogramm mehrfach berichteten, durch beispielsweise einen künstlerisch akzentuierten Mathematik- oder Biologieunterricht auch zu neuen Formen des Verstehens und Betrachtens dieser Disziplinen angeregt worden zu sein. Das dürfte auch eine Waldorflehrkräften vertraute Erfahrung sein.

Es sei hier nur noch am Rande vermerkt, dass die ästhetische Bildung in Kindergärten und Schulen (in Deutschland auch kulturelle Bildung genannt) weltweit gefordert wird – ausdrücklich gegen die Gefahr eines einseitig auf die MINT- oder STEM-Fächer eingeengten Bildungsangebotes gerichtet.[144] MINT steht hier für Mathematik, Informatik, Naturwissenschaft und Technik. Das angelsächsische Pendant STEM steht für Science (d. h. Naturwissenschaften), Technology, Engineering und Mathematics. Offenbar

---

142 Hessisches Kultusministerium: KulturSchule Hessen. Schulentwicklung und optimale Förderung durch Kunst und Kultur. Flyer August 2017.

143 Linz, U. (2014): Mehr Raum und Zeit für Kunst und kulturelle Praxis in der Schule. Das Schulentwicklungsprogramm ‚KulturSchulen Hessen'. In: SchulVerwaltung Hessen Nr. 6, S. 175–177.

144 Vgl. dazu auch Rittelmeyer, Chr. (2014): Bildende Wirkungen künstlerischer Erfahrungen. In: Hamer, G. (Hrsg.): Wechselwirkungen. Kulturvermittlung und ihre Effekte. München, S. 15–28.

auf der Einsicht basierend, dass die Qualifikation von professionellen Führungskräften, technischem Personal oder innovativen Wissenschaftlerinnen und Wissenschaftlern weit über die STEM-Fähigkeiten hinausgehen muss, gibt es in den USA künstlerisch akzentuierte Modellschulen, die unter dem Leitbegriff STEAM stehen: Das „A" steht dabei für *Arts*, d.h. die Künste. Sowohl Forschungen als auch bisherige praktische Modellprojekte zeigen, so Vertreter des STEAM-Konzeptes in einem Report zum Stand der Entwicklung, dass die Verbindung der geisteswissenschaftlichen Fächer (*humanities*) mit den STEM-Disziplinen und künstlerischen Aktivitäten unter anderem zu gesteigerten Kompetenzen des kritischen Denkens, zu tiefergehenden Lernergebnissen (*deep learning*), zu ausgeprägteren Kreativitätsleistungen, qualitätsvolleren Kommunikationsfähigkeiten und zu besseren Leistungen in der Teamarbeit führen.[145] Zwar wird hier die ästhetische Bildung wiederum unter der Nützlichkeitsperspektive betrachtet, die Steiner aus guten Gründen nicht ins Zentrum seiner Überlegungen stellte. Aber das STEAM-Konzept ist immerhin ein Indiz dafür, wie zukunftsweisend Steiners Betonung der künstlerischen Bildung war.

Sogar eine Spitzeninstitution für die Ausbildung des technischen Nachwuchses, das Massachusetts Institute of Technology in den U.S.A., räumt den Künsten – auch in Gestalt eingeladener Künstlerinnen und Künstler, von Theateraufführungen und anderen künstlerischen Angeboten – einen wichtigen Stellenwert ein. Und in einzelnen Schulen wird im Rahmen der Neubauplanung beispielsweise überlegt, wie Räume in Gestalt sogenannter *Da-Vinci-Studios* vorgesehen werden können, in denen die „harte Trennung von Wissenschaft und Kunst" aufgehoben und „verschie-

145 Skorton, D./Bear, A. (Hrsg.) (2018): The Integration of the Humanities and Arts with Sciences, Engineering and Medicine in Higher Education. Washington; vgl. ferner auch Ge, X./Ifenthaler, D./Spector, J. M. (Hrsg.) (2015): Emerging Technologies for STEAM Education. Cham; Stewart, A./Mueller, M./Tippins, D. (Hrsg.) (2019): Converting STEM into STEAM Programs. Cham

denste Wege des Denkens erfahrbar“ werden sollen.[146] Auch hier gibt es einen Bezug zum eben zitierten Hinweis Steiners, dass das Künstlerische nicht gesondert vom übrigen Fachunterricht erfolgen soll, sondern diesem „organisch eingegliedert“ sein sollte. „Denn aller Unterricht und alle Erziehung sollten ein Ganzes sein.“ Solche Entwicklungen machen es wahrscheinlich, dass derartige Formen einer künstlerisch akzentuierten Didaktik in Zukunft den bildungspolitischen Diskurs entscheidend mitbestimmen werden. Schon dies lässt die zitierten pädagogischen Maximen Steiners alles andere als antiquiert erscheinen, und der Vorwurf einer „versteinerten Pädagogik“ ist mindestens mit Blick auf solche „Subtexte“ und didaktischen Zukunftsvisionen fragwürdig.[147]

Die visionäre Kraft der pädagogischen Ideen ist sicher auch in Rudolf Steiners Antwort auf die Frage zu erkennen, wie *Erziehung im gesellschaftlichen Kontext* gedacht werden muss. In der Gegenwart, so Steiner 1919, komme es darauf an, „die Schule ganz in einem freien Geistesleben zu verankern. Was gelehrt und erzogen werden soll, das soll nur aus der Erkenntnis des werdenden Menschen und seiner individuellen Anlagen entnommen sein. Wahrhaftige Anthropologie soll die Grundlage der Erziehung und des Unterrichts sein. Nicht gefragt soll werden: Was braucht der Mensch zu wissen und zu können für die soziale Ordnung, die besteht; sondern: Was ist im Menschen veranlagt und kann in ihm entwickelt werden? Dann wird es möglich sein, der sozialen Ordnung immer neue Kräfte aus der heranwachsenden Generation zuzuführen. Dann wird in dieser Ordnung immer das leben, was die in sie eintretenden Vollmenschen aus ihr machen; nicht aber wird aus der heranwachsenden Generation das gemacht werden,

---

146 Nair, P. (2014): Blueprint for Tomorrow. Redesigning Schools for Student-Centered Learning. Cambridge.

147 Rudolph, Ch. (1987): Waldorf-Erziehung. Wege zur Versteinerung. Neuwied. Der Begriff wurde in waldorfkritischen Artikeln in den 1980er und 1990er Jahren häufig zitiert.

was die bestehende soziale Organisation aus ihr machen will."[148] Auch diese für die damalige akademische Erziehungswissenschaft ungewöhnliche Kritik Steiners an jeder Indienstnahme der Schulpädagogik für die gerade vorherrschenden politischen bzw. gesellschaftlichen Ideologien und Zielvorstellungen ist sehr modern – sie ist gerade auch mit Blick auf technokratische Bildungsstandards unserer Tage von großer Aktualität.[149]

---

148 Steiner, R. (1977): Freie Schule und Dreigliederung. In: Aspekte der Waldorfpädagogik, München, S. 28.

149 Siehe dazu z. B. das Themenheft Irrwege der Unterrichtsreform, Vierteljahresschrift für Wissenschaftliche Pädagogik Heft 3/2012.

VII. Wie mit der Anthroposophie Rudolf Steiners umgehen?

Mit Blick auf die Weltkriegskatastrophe setzte sich Rudolf Steiner im Oktober 1916 in einem Vortrag mit der Frage auseinander, wie die „seelische Not der Gegenwart“ überwunden werden kann. Hier wie in vielen anderen Vorträgen sind es aktuelle gesellschaftliche Problemlagen, die Steiner aus der Perspektive einer geisteswissenschaftlichen Betrachtung behandelte.[150] Ich möchte die leitenden Gedanken des Vortrages etwas ausführlicher skizzieren, da sie grundlegende Problemkonstellationen seiner „Weltanschauung“ anzeigen. Es empfiehlt sich, diese Skizze trotz ihrer fremdartigen Begriffe und Gedanken zunächst einmal, gleichsam aus der schon erwähnten ethnomethodologischen Perspektive, aufmerksam zur Kenntnis zu nehmen, eine kritische Analyse sollte dann mit Blick auf die hier vorgestellte *theoretische Gesamtfigur* erfolgen. „Was wir als geisteswissenschaftliche Wahrheiten suchen“, so betonte der Vortragende einleitend, „soll uns nicht sein ein totes, sondern ein lebendiges Erkennen, ein Erkennen, das wirklich in das Leben, in allen Stellen dieses Lebens und an den wichtigsten Punkten dieses Lebens seinen Einzug halten kann.“ Anthroposophische Aussagen beispielsweise über die Viergliedrigkeit des Menschen (physischer Leib, ätherischer Leib, astralischer Leib und Ich) oder die Gliederung der Geschichte in verschiedene (beispielsweise „nachatlantische“) Kulturepochen erscheinen, so Steiner, Außenstehenden oft abstrakt und unfruchtbar. An einem besonderen Beispiel möchte er jedoch zeigen, wie fruchtbar diese geisteswissenschaftlichen Ein-

150 Steiner, R. (1994): Wie kann die seelische Not der Gegenwart überwunden werden? Soziales Verständnis, Gedankenfreiheit, Geist-Erkenntnis. Vortrag in Zürich am 10. Oktober 1916. Dornach.

sichten sowohl für unser Erkenntnisvermögen als für unsere Handlungsorientierungen sein können. Er nimmt dabei zunächst Bezug auf seine Gliederung der (europäischen) Geschichte in Kulturepochen.

Unserer Zeit vorausgegangen, so Steiner, ist die griechisch-römische *vierte nachatlantische Kulturepoche*, die ihren Ausklang etwa im 15. Jahrhundert fand.[151] Wir leben jetzt in der darauffolgenden *fünften Kulturepoche*, die noch über viele weitere Jahrhunderte anhalten wird. In der vierten Epoche hat sich bewusstseinsgeschichtlich die sogenannte *Verstandes- oder Gemütsseele* entwickelt, in der fünften muss die *Bewusstseinsseele* entwickelt werden, für die ein ausgeprägtes Selbstbewusstsein und eine rationale Steuerung der eigenen Handlungen und Gedanken typisch ist. „Wenn wir das Leben richtig betrachten", so Steiner in einer für ihn typischen Redeweise, „bestätigt sich überall diese Aufgabe".[152] In der griechisch-römischen Zivilisation sei es den Menschen noch viel leichter gefallen, soziale Kontakte zu knüpfen, das erfolgte wie selbstverständlich oder beiläufig. Heute sei es aber viel komplizierter geworden, Interesse am anderen Menschen zu entwickeln – es gebe z. B. sehr viel mehr Vorbehalte und auch experimentierende Versuche in sozialen Beziehungen.[153]

---

151 Ich möchte hier exemplarisch für die vielen denkbaren Nachfragen *mit Blick auf Einzelpassagen* erwähnen, dass man in einer solchen Kulturepochen-Gliederung eine eurozentrische Blickverengung vermuten kann, da der Text auf die gesamte Menschheit bezogen zu sein scheint, die historische kulturelle Signatur etwa in Afrika oder im fernen Osten jedoch anders beschaffen war. Aber auf diesen Diskurs, der früher schon erwähnt wurde, soll hier nicht eingegangen werden, es geht mir vielmehr um eine Rekonstruktion grundlegender Argumentationsfiguren Steiners.

152 „Wenn man diese Dinge richtig betrachtet", „wenn man nur unbefangen auf diese Dinge sieht" impliziert ja die Aussage: Wer die Phänomene so wie ich betrachtet, wird entsprechende Einsichten haben. Das sind Redeformen, die zeigen, wie überzeugt Steiner von der Richtigkeit bzw. Wahrheit seiner Aussagen war.

153 Auch solche Aussagen sind problematisch, obgleich man sie als heuristischen Aufforderungen betrachten kann, die Verhältnisse einmal unter dieser Perspektive zu betrachten. Wie aber faktisch z. B. im Rom der Kaiserzeit in den verschiedenen Bevölkerungsgruppen (Herrscher, Bürger, Sklaven, Frauen, Männer etc.) soziale Beziehungen der beschriebenen Art beschaffen waren, dürfte schwer zu rekon-

Wenn in der vierten nachatlantischen Kulturepoche „ein Mensch dem anderen Menschen gegenübertrat, so wusste er sich – die Geschichte erzählt uns davon wenig, aber es war doch so –, er wusste sich einzustellen auf den anderen Menschen". Heute spiele auch das Karma der viel häufiger inkarnierten Menschen eine Rolle beim Zustandekommen von Begegnungen zwischen Meschen. Durch diese häufigen Inkarnationen sind wir „in solche Verhältnisse eingetreten, dass wir eigentlich in der Regel keinem Menschen entgegengetreten, mit dem wir nicht dieses oder jenes in früheren Inkarnationen durchgemacht haben." Die Bewusstseinsseele als Aufgabe unserer Zeit könne sich nur ausbilden, wenn „weniger in Betracht kommt dasjenige, was jetzt in der Gegenwart zwischen Menschen und Menschen sich abspielt, als wenn wirksam werden kann im Inneren, einsiedlerisch, das, was aufsteigt in uns als Ergebnis früherer Inkarnationen." Es soll in den Menschen heraufkommen „dasjenige, was sie mit dem anderen Menschen durchlebt haben." Gerade deshalb sei das wechselseitige Kennenlernen heute schwieriger als in der griechisch-römischen vierten Epoche, da heute Reminiszenzen früherer Begegnungen aus früheren Inkarnationen nachwirken. Daher sei ein Bewusstsein von solchen karmischen Begegnungsmöglichkeiten ein Merkmal der Bewusstseinsseele.

Solche karmisch bedingten Schwierigkeiten werden Steiner zufolge größer im fünften nachatlantischen Zeitalter. Es wird auch zwischen Eltern und Kindern, Brüdern und Schwestern schwieriger, einander zu verstehen. „Sie sehen, welche Perspektive negativer Art sich da über den fünften nachatlantischen Zeitraum hin eröffnet – Schwierigkeit im gegenseitigen Verständnis der Menschen.

---

struieren sein, auch die sozialen Kontakte beispielsweise in unserer gegenwärtigen Gesellschaft dürften sich kaum in dieses Schema pressen lassen. Es ist immer wieder die Ungenauigkeit und Pauschalität historischer Behauptungen Steiners, die einerseits geschichtliche Prozesse fassbar macht, aber auch der Gefahr einer unter Umständen falschen Übertypisierung und der Generierung eines irreführenden Geschichtsbildes Vorschub leisten kann.

Das aber erfordert, dass wir dieser Entwicklungsbedingung klar ins Auge schauen, dass wir nicht träumerisch im Dunkeln hinleben wollen: denn diese Entwicklungsbedingung ist durchaus notwendig." Anderenfalls würde sich die Bewusstseinsseele nicht richtig ausbilden können, die auch am bewussten und sozial sensiblen Bemühen um wechselseitige Verständigung gleichsam aufwacht und wächst. „Die Menschen müssen diese Prüfung durchmachen", anderenfalls könnte sich keine Individualität ausbilden. Fasst man indessen diese Entwicklung nicht klar ins Auge, würde man gleichsam in die sozialen Gegebenheiten hineinschlafen, dann würden „Krieg und Streit ... bis in die kleinsten Verhältnisse hinein in der fünften nachatlantischen Menschheit entstehen müssen." Diese sozialen Verhältnisse, dieses Bemühen um das Verständnis für andere Individualitäten „bewusster und bewusster zu gestalten, ist eine der Aufgaben für die Geisteswissenschaft für die fünfte nachatlantische Menschheit." Anders als im vierten nachatlantischen Zeitraum, wo sich die menschliche Individualität noch nicht richtig ausprägen konnte, manches noch gruppenseelenhaftig war (d. h in Gestalt unreflektiert habitualisierter Verhaltensmaximen und Interaktionsformen existierte), muss nun im fünften nachatlantischen Zeitraum der Sinn für soziales Verständnis ausgebildet werden, „das heißt, es muss auftauchen alles dasjenige, was hervorgeht aus einem tieferen Verständnis für die richtige individuelle Wesenheit. Dafür wird erst Geisteswissenschaft dieses richtige Verständnis entwickeln." Dabei geht es darum, zur Erweckung des mitmenschlichen Interesses immer mehr *ins Konkrete* hineinzuwirken.

Dieses Konkrete besteht beispielsweise darin, dass eine „wirkliche Menschenkunde" ermöglicht, die verschiedenen Temperamente und Charaktere wahrnehmen zu können, und dass man unter anderem in der Erziehung sich entsprechend unterschiedlich auf diese verschiedenen „Menschentypen" einstellen kann. „Praktische Psychologie, praktische Seelenkunde, aber auch praktische Lebenskunde wird getrieben werden, und durch dieses wird sich ergeben ein wirkliches soziales Verständnis der Menschheitsentwickelung." Bisher, so Steiner, habe es mit Blick auf das zwischenmenschliche Verständnis nur abstrakte Ideale gegeben. Erst durch die Einsicht z. B. in die karmische Verbindung mit einem anderen Menschen können wirklich fruchtbare Beziehungen zu anderen Menschen entstehen, können wir uns richtig und lebendig ins soziale Leben hineinstellen.

Eine weitere wichtige Entwicklung im Dienste der sich entwickelnden Bewusstseinsseele besteht darin, von religiösen Dogmen freizukommen, d. h. auch, die Wirklichkeit des Christus in der eigenen Seele zu erkennen und zu entwickeln. Steiner betrachtet in diesem Zusammenhang seiner vielfältig dargestellten Christologie auch die Konfessionen sehr kritisch (aus deren Reihen ihm später immer wieder „Unchristlichkeit" vorgeworfen wurde), es gehe heute vielmehr darum, Gedankenfreiheit im Bereich der Religionen zu etablieren, wogegen im fünften nachatlantischen Zeitalter ahrimanische Kräfte aktiv werden; es gilt „den der Gedankenfreiheit entgegengesetzten Jesuitismus auf allen Gebieten für den fünften nachatlantischen Zeitraum auszumerzen." Geisteswissenschaft basiere auf dem lichten, liebevollen Verständnis der Bewusstseinsseele, während die Konfessionen und religiösen Dogmen noch auf der Stufe der Gemüts- und Verstandesseele verharren, einem geistigen Habitus, der typisch für die Antike war und der bis in die Gelehrtenwelt des Hochmittelters existierte. „Wir hören in der Geisteswissenschaft von wirklicher geistiger Welt, von konkreter geistiger Welt, von elementarischen Wesenheiten, die uns umgeben; wir hören von den Hierarchien, Angeloi, Archangeloi und so weiter. Die Welt bevölkert sich für uns mit konkreten geistigen Inhalten, oder mit geistigen Kräften und geistigen Wesenheiten. Diesen Wesenheiten, die da in den geistigen Welten leben, ist es nicht gleichgültig, dass wir von ihnen wissen! Es war ihnen noch mehr oder weniger gleichgültig in der vierten nachatlantischen Periode, aber in der fünften nachatlantischen Periode ist es ihnen schon nicht mehr gleichgültig, sondern es ist, wie wenn ihnen etwas entzogen würde an geistiger Nahrung, wenn die Menschen hier auf der Erde von ihnen nicht wissen … Das werden Sie am besten verstehen, wenn ich Ihnen eines sage, was Ihnen jetzt selber noch paradox erscheinen wird, was aber einfach wahr ist. Und es müssen doch heute, obwohl man heute noch nicht vieles sagen kann, es müssen doch manche Wahrheiten ausgesprochen werden, weil die Menschen nicht ohne diese Wahrheiten leben sollen."

Wenn wir diesen Gedankengang nun etwas genauer betrachten und analysieren, dann werden *anthroposophische Haupttexte und überanthroposophische Subtexte* erkennbar, die verständlich machen können, warum solche Überlegungen und Weltdeutungen auch bei nichtanthroposophischen Leserinnen und Lesern mindestens sympathische Konnotationen, wenn nicht sogar wirkliche Sympathien wecken können. Es kann dann nachvollziehbar werden, auf welche Weise Steiners fremdartige Botschaften auch für eigentlich außenstehende, aber für solche Subtext-Botschaften empfängliche Menschen faszinierend wirken können. – Es ist zunächst gut verstehbar, dass die geisteswissenschaftlichen Erkenntnisse nicht „graue Theorie" oder esoterische Geheimwissenschaft bleiben sollen, sondern im aktuellen gesellschaftlichen Leben auf positive Weise wirksam werden. Dass dabei auf eine der Geschichtswissenschaft nicht geläufige historische Gliederung in „Kulturepochen", dass dabei auf eine der Historiografie und Psychologie fremde Gliederung in historisch charakteristische „Seelenverfassungen" zurückgegriffen wird, ist Steiner als Problematik bewusst. Er meint aber zeigen zu können, dass dieses noch fremdartige Erkenntnisparadigma gerade für die Lösung aktueller gesellschaftlicher Probleme bedeutsame Beiträge leisten kann.

Er greift als Beispiel eine rund hundert Jahre später, also in unserer Gegenwart, sehr aktuelle und etwa unter dem Anerkennungs-Paradigma in der Kulturtheorie viel diskutierte Frage auf: *Wie entwickeln Menschen ein wirkliches Interesse für andere Menschen?* Diese modern anmutende Fragestellung wird zwar als Haupttext formuliert, begleitet aber als Subtext die gesamte folgende Ausführung Steiners (und ist in vielen anderen Vorträgen ebenfalls ein wichtiges Thema). Das gibt auch seinen durchaus problematischen Kulturepochen-Gliederungen eine andere Dignität. Man muss, so Steiner, beim Versuch einer angemessenen Analyse der erwähnten sozialen Grundfragen berücksichtigen, dass es für die Aktualität dieser Problemkonstellation und für deren Lösung *bewusstseinsgeschichtliche Bedingungen* gibt. Um nicht ins Blaue hinein zu agieren, sollte man diese kennen.

Aber es sind nicht nur äußerliche historisch-bewusstseinsgeschichtliche Entwicklungen, die das Verständigungs-Problem bedingen, sondern diese wiederum sind auch Ausdruck einer *Entwicklung im gesamten Inkarnationsprozess* der modernen Menschheit: Hier wird deutlich, was Steiner mit seinem Hinweis auf die Fruchtbarkeit seiner Geisteswissenschaft für ein wirkliches historisches Verstehen meint, und auch, wie in seinem „Kosmos“ alles mit allem zusammenhängt, wie ein tieferer Sinn im Weltgeschehen erblickt werden kann, wenn man dieser Spur folgt. Auch dieses „alles ist mit allem verbunden und bildet ein geistig impulsiertes sinnvolles Geschehen“, ist ein Subtext, der sich durch Steiners gesamtes Werk zieht. Mit der fortschreitenden Menschheitsentwicklung ist, so Steiner, auch eine zunehmende Häufigkeit von Reinkarnationen des Individuums verbunden. Dabei werden auch nicht zufällig Menschen zusammenkommen, die in ihrer vorherigen Inkarnation (und in der diese verarbeitenden Reflexion in der geistigen Welt) oft Schmerzvolles miteinander erlebt haben: Die realen sozialen Verständigungsprobleme können vielfach auch gerade darin ihre Gründe haben. Und es ist eine aus der Kenntnis solcher „karmischer“ Zusammenhänge erwachsende Fähigkeit, die es ermöglicht, Verständnis für den anderen Menschen entwickeln zu können. Die Bewusstseinsseele als Aufgabe unserer Zeit könne sich daher nur ausbilden, wenn „weniger in Betracht kommt dasjenige, was jetzt in der Gegenwart zwischen Menschen und Menschen sich abspielt, als wenn wirksam werden kann im Inneren, einsiedlerisch, das, was aufsteigt in uns als Ergebnis früherer Inkarnationen.“ Es soll in den Menschen heraufkommen „dasjenige, was sie mit dem anderen Menschen durchlebt haben." Gerade deshalb sei das wechselseitige Kennenlernen heute schwieriger als in der vierten, griechisch-römischen Epoche, da heute Reminiszenzen früherer Begegnungen aus früheren Inkarnationen sehr viel stärker nachwirken. – Wenn man sich einmal intensiver in eine solche Imagination möglicher Bedingungen von Familienkonflikten einfühlt, dann kann im Vergleich mit einer Kultur wechselseitiger Schuldvorwürfe eine andere Ebene des individuellen Verantwortungsgefühls erkennbar werden, das sich an eher objektiven, die Konflikte bedingenden Strukturen und an ethischen Bewertungen orientiert. Der Subtext ist hier die Idee, auf solche situationsgenerierenden Strukturen zu achten; der Haupttext allerdings kann nur diejenigen befriedigen, die Steiners Reinkarnationslehre akzeptieren. Auf diese doppelte Lesart ist aber bei einer hermeneutischen (nicht ideologisch oder konventionell bestimmten) Lektüre zu achten.

Es dürfte bekannt sein, dass in der klassischen, heute vielleicht nicht mehr in dieser Form dominierenden Waldorfpädagogik die antike *Lehre von den vier Temperamenten* eine wichtige Rolle spielt.[154] Wiederum wird diese zunächst nur didaktisch verortete „Menschenkunde" im hier besprochenen Vortrag in einen gleichsam kosmischen Zusammenhang gestellt, den Temperamenten wird damit eine auch in größeren gesellschaftlichen Zusammenhängen wirksame Funktion zuerkannt. Die Zeitaufgabe, ein das eigene Handeln lenkendes Verständnis für andere Menschen unter der erwähnten karmischen Perspektive zu entwickeln, wird auch über das Bemühen aufgegriffen, als Lehrerin oder Lehrer die verschiedenen Temperamente und Charaktere in einer Schulklasse wahrnehmen und sich je individuell auf diese verschiedenen Charaktere einstellen zu können. „Praktische Psychologie, praktische

154 Vgl. ausführlicher und forschungsbezogen dazu: Rittelmeyer, Chr. (2010): Die Temperamente in der Waldorfpädagogik. In: Paschen, H. (Hrsg.): Erziehungswissenschaftliche Zugänge zur Waldorfpädagogik. Wiesbaden, S. 75–100.

Seelenkunde, aber auch praktische Lebenskunde wird getrieben werden, und durch dieses wird sich ergeben ein wirkliches soziales Verständnis der Menschheitsentwickelung." Auch hier wird also einer Praxis wie der Erziehung eine sehr weitgehende „Menschheitsaufgabe" beigemessen, eine Gedankenfigur, die eine tiefgreifende Bedeutsamkeit der Pädagogik nahelegt.

Ein überall zu entdeckender Subtext in den Vorträgen ist auch ein radikaler Freiheitsbegriff, der sich aber, wie eben beispielhaft zitiert, mit der Forderung nach Anerkennung anderer Individualitäten, nach der Ausbildung sozialer und empathischer Qualitäten verbindet. Beispielhaft ist die in verschiedenen Varianten vorgetragene Forderung Steiners, auf den Willen anderer Menschen niemals unmittelbar, sondern immer über deren Erkenntnis einwirken zu wollen. Eine andere Variante ist der hier zitierte Passus über die religiösen Konfessionen. Es ist für die Entwicklung der Bewusstseinsseele notwendig, *Gedankenfreiheit im Bereich der Religionen* zu etablieren, wogegen im fünften nachatlantischen Zeitalter allerdings ahrimanische Kräfte aktiv werden.

Ahriman und Luzifer sind aus der Sicht Steiners keine an sich „bösen" geistigen Wesenheiten oder Wirkmächte, ihnen wird vielmehr für die positive Fortentwicklung der Menschheit eine wichtige Funktion zugesprochen – auch hier zeigen sich Differenzen zu traditionellen Religionsvorstellungen vom Guten gegen das Böse. Beide Mächte verdunkeln zwar das menschliche Bewusstsein im Sinne einer Abkoppelung vom geistigen Leben, entfalten jedoch ihre negativen Wirkungen auf Menschen nur bei einseitiger nicht erkannter Einflussnahme. Steiner beschreibt diese beiden Widersachermächte aus sehr verschiedenen Perspektiven, so dass hier nur ein sehr vereinfachtes Beispiel ihres „Wesens" vorgetragen werden kann. Für Ahrimans Wirken ist typisch die intellektuelle Härte, der Empirismus, eine unspirituelle Wissenschaftlichkeit, die Neigung zu materialistischen Weltanschauungen. Man könnte hier, was die ahrimansche Wissenschaftler-Variante betrifft, an die von Novalis aufgezählten „Vorurtheile der Gelehrten" denken, zu denen unter anderem zählen: Hang zur Eigentümlichkeit bzw. Originalitätssucht; Insistieren auf Erstentdeckung; Pretension auf Consequenz und Infallibilität; Verachtung des Nichtgelehrten; Eifersucht und Verkleinerungssucht der Collegen; Verachtung der anderen Wissenschaften; Sucht, alles alt und schon dagewesen zu finden und deshalb zu verachten; Verachtung alles dessen, was nicht gelehrt und gelernt werden kann, daher ihr Religions- und Wunderhass, ihr Dichterhass etc."[155] Das sind aber Prozesse und mentale Habitus, die mit Nutzen durchlaufen werden und damit zur Selbstaufklärung beitragen, sofern man von ihnen nicht usurpiert wird. Daher ist auch die andere Widersachermacht Luzifer wichtig, die Neigung zur (durchaus auch religiösen) Schwärmerei, der fortwährenden Sehnsucht nach neuen sinnlichen Erfahrungen, der Tendenz zum „Abheben" vom Boden der Realitäten etc. Das Zusammenwirken beider Mächte wird von Steiner an sehr verschiedenartigen Beispielen exemplifiziert – so in seinen Vorträgen über Architektur, wenn das architektonische Grundverhältnis des Tragens und Lastens veranschaulicht wird am „luziferischen" aufstrebenden Tragen z. B. der Stützbalken und am „ahrimanischen" niederdrückenden Lasten eines Architravs.[156] Eine schöne Baugestalt entsteht, wenn beide Kräfte austariert erscheinen – wie in der antiken griechischen Tempelfront.[157] Im hier besprochenen Vortrag ist es gerade die Forderung nach *Gedankenfreiheit*, der ahrimanische Kräfte entgegenwirken – z. B. durch Insistieren auf Anerkennung nur solcher Gedanken, die sich strikt an empirisch Beweisbares oder an traditionell Festgelegtes halten. Fasst man den „Jesuitismus" als Glaubensrichtung auf, die sich eher an der historischen Gestalt des Jesus als an einem geistigen Wesen orientiert,

155 Novalis (1798/1978): Der Allgemeine Brouillon, Nr. 749. In: Das philosophisch-theoretische Werk, Werke Band 2, herausgegeben von H.-J. Mähl, München, S. 653 f.

156 Steiner, R. (1957): Wege zu einem neuen Baustil. Stuttgart.

157 Rittelmeyer, Chr./Klünker, H. (2005): Lesen in der Bilderschrift der Empfindungen. Stuttgart, Kapitel 6.

das sich als Christus in diesem Menschenleib inkarniert hat, ist das eine zu überwindende Schwelle für den Eintritt in das Zeitalter der Bewusstseinsseele. Wie sehr die Freiheit der Gedanken gerade in der katholischen vatikanischen Kirche noch verhindert wird, macht der Streit zwischen katholischen Basisbewegungen, Maria 2.0-Initiativen etc. und dem sogenannten „heiligen Stuhl" deutlich. Steiners Aufruf zur Gedankenfreiheit auch in den Kirchen ist daher für reformatorisch gestimmte Menschen ein zeitgemäß wirkender Subtext-Appell.

Ein weiterer Ansatzpunkt des experimentellen Umgangs mit Steiners Beschreibung der „Widersachermächte" besteht darin, das Ahrimanische als Tendenz zur Verfestigung, alchemisch ausgedrückt zur Salzbildung, zum Kristallinwerden zu betrachten, das Luziferische hingegen als Tendenz zur Verflüchtigung, zum Sulphurischen, zum Ätherischwerden. Dann kann man diese zwei Tendenzen und ihr wechselseitiges (alchemisch: mercuriales) Austarieren auch als objektive geistige Gehalte ansehen, die sich in verschiedenartigen materiellen Phänomenen *manifestieren* können, so wie sich Addition und Subtraktion als mathematische geistige Tatsachen begreifen lassen, die sich in chemischen, intellektuellen oder sonstigen konkreten Prozessen artikulieren können. Ich hatte schon früher vom Gespräch mit einem Mathematiker berichtet, der, wenn er sich mit *ethischen* Fragen befasst, immer das Gefühl einer Bewegung von innen nach außen hat, weil er moralische Maximen nur aus sich selber schöpfen könne. Beim reinen *Mathematisieren* hingegen gehe das geistige Bewegungsempfinden in ihm von außen nach innen: Wie dieser vor ihm liegende materielle Tisch, so erlebe er auch die mathematischen Gesetze als objektiv Geistiges, das er selber entdeckt, aber nicht hervorbringt. So könnte man auch das Erleben dieser beiden „Widersacher-Mächte" imaginieren.

Es mag an solchen Überlegungen deutlich werden, dass man die Anthroposophie Rudolf Steiners sehr unterschiedlichen „Lektüren" unterziehen kann, affirmative oder kritische Pauschalurteile werden ihr, wie mir scheint, nicht gerecht und sind daher wissenschaftlich fragwürdig. Welche Bilanz kann nun aus dem Vorhergehenden gezogen werden? Insbesondere der Vortragsredner Steiner ist ein singuläres Phänomen. Es gibt zwar zahlreiche umfassend gebildete, rhetorisch begabte und einfallsreiche Rednerinnen und Redner, aber eine so universell orientierte, welterklärende, frei und offenbar auch flüssig vorgetragene, in sich konsistente, nicht konstruiert wirkende, auf zahlreiche Namen, Ereignisse und Denkströmungen der Geschichte zurückgreifende, nie unsicher wirkende, oft auch in warmherziger Intonation und Wortwahl erfolgende Vortragsart ist eigentlich nur vorstellbar, wenn hier aus einem umfassenden, lebendigen inneren Bild, aus einer weitgreifenden und überaus starken Imagination mit ausgeprägtem Gefühlsanteil heraus gesprochen wird. Zweifellos gibt es eine zentrale *Mission* Steiners, die alle seine Arbeiten durchzieht. Sie besteht darin, die auf einer wirklichen oder vermeintlichen Erfahrung beruhende Überzeugung zu vermitteln, dass es eine erforschbare geistige Welt gibt, die in der physischen Welt wirksam ist, die allerdings gegenwärtig in unserer Kultur von den meisten Menschen nicht mehr wahrgenommen werden kann. Seine diesbezüglichen Erkenntnisse werden unerschütterlich und ohne Selbstzweifel vorgetragen, was unter anderem durch die immer wieder eingestreuten Bemerkungen deutlich wird, dass man, wenn man nur „unvoreingenommen“ seine Mitteilungen betrachte, nur „unbefangen“ das Weltgeschehen beobachte, zu gleichen Einsichten kommen könne wie er sie vorträgt. „Wenn wir das Leben richtig betrachten“, so wurde z. B. eben zitiert, dann „bestätigt sich überall diese Aufgabe“, die Bewusstseinsseele auszubilden. Der früher erwähnte Hinweis Steiners, dass auch Geistesforscher irren können, wirkt angesichts dieser unerschütterlichen Überzeugung von der Richtigkeit der eigenen Erkenntnisse doch eher wie eine rhetorische Attitude.

An einigen Beispielen wurde indessen gezeigt (und sie sind bei zunehmender Lektüre in erheblichem Umfang zu vermehren), dass viele Aussagen des Geistesforschers heute als unrichtig bezeichnet werden können, sein Umgang mit kritischen Einwänden (etwa im Rahmen der Arbeitervorträge oder des landwirtschaftlichen Kurses) wirkt oft etwas hilflos und keineswegs wie die Äußerung eines wirklichen „Eingeweihten". Auch die zahlreichen Hinweise auf schädliche Wirkungen z. B. bestimmter nichtanthroposophischer Erziehungsmethoden oder bestimmter Lebensformen dürften, würde man sie in langfristigen Studien überprüfen, empirisch nicht belegbar sein, zumal sie zumeist sehr strikt formuliert sind. Das heißt aber nicht, dass man Rudolf Steiner bedeutsame und durch den Verstand kontrollierte Visionen absprechen kann – es mag ja sein, dass die meisten Menschen in unserem Kulturkreis im Sinne der früher zitierten Aussage Hegels unter einem kolossalen Verlust spiritueller Fähigkeiten leiden. Es ist jedenfalls für eine Würdigung Steiners unerlässlich, die Aussagen vieler *esoterischer Haupttexte* durch die Interpretation der zahlreichen weniger offensichtlich „mitklingenden" *Subtexte und künstlerischen Botschaften* zu ergänzen. So mag z. B. die Aussage über karmisch bedingte Schwierigkeiten und Chancen, heute eine wirkliche intersubjektive bzw. mitmenschliches Verständnisfähigkeit auszubilden, schwer nachvollziehbar sein, wenn man keinen Bezug zu einer solchen Reinkarnationsannahme hat. Der Versuch, diese sozialen Zeitfragen in einen umfassenden Erklärungszusammenhang zu stellen, könnte als sinnkonstituierende *Konstruktion* gewertet werden, die mit der letztlich unerkennbaren Wirklichkeit nichts zu tun hat. Aber wenn andererseits kritische Hirnforscher anmahnen, das Gehirn nicht zum alleinigen Regenten des Verhaltens zu erklären, vielmehr als ein immer in Umwelten eingebettetes Organ zu betrachten, dann geht das in die gleiche Richtung, größere Zusammenhänge für jedes scheinbar isolierte Geschehen anzunehmen.[158] Gleiches gilt für die Behauptung, dass Gene unser Verhalten wesentlich mitbestimmen: Diesem „genetischen Dogma" wird forschungsgestützt entgegnet, dass nicht nur das Erbgut die mensch-

158 Fuchs, Th. (2010): Das Gehirn – ein Beziehungsorgan. Stuttgart, 3. Auflage.

lichen Entwicklungsprozesse steuert, sondern umgekehrt der komplexe Zusammenhang von Zellen, Organen, Organismen und *Umweltmilieus* auch wiederum die Wirksamkeit des Erbgutes moderiert. Anders ausgedrückt: Je nach äußerem Milieu werden unterschiedliche Gene aktiviert und zu einem Aktivitätsensemble „orchestriert". Daraus ergibt sich bei gleichem Genotyp eine außerordentlich vielfältige Plastizität des Phänotyps, die erst erklärbar macht, wie die hohen Anpassungsleistungen verschiedener Organismen an Umweltbedingungen zustande kommen.[159]

Ein drittes Beispiel ist die Entdeckung, wie manifest klimatische Bedingungen in einer Weltregion das Klima in anderen Regionen beeinflussen können, wie reichhaltig vernetzt ökologische Zusammenhänge der Tier- und Pflanzenwelt beschaffen sind und wie sehr das globale ökologische Gleichgewicht durch Eingriffe des Menschen gestört oder sogar zerstört werden kann. Überall ist daher das Bestreben erkennbar, die Welt als ein sehr komplexes System zu begreifen, in dem alles mit allem zusammenhängt. Das ist ein Diskurs, der mit Steiners sicher eher befremdlichen Kosmologien immanent aufgerufen wird, dessen „Mitklingen" also zu beachten ist, da es auf eigentümliche Weise eine zentrale Zeitaufgabe betont. In einem Vortrag, der am 1. Oktober 1923 in Wien gehalten wurde und in dem er über die „soziale Tragweite des Michael-Festes" vortrug, betonte Steiner, der Mensch könne ein „Bürger des Kosmos" werden. Geisteswissenschaftliche Forschung zeige, dass die Planeten unseres Sonnensystems nicht nur physische Körper sind, sondern „Offenbarungen von geistigen Wesenheiten." Erst durch diese Erkenntnis werde es dem Menschen möglich, die äußere Welt „als zu sich gehörig zu betrachten."[160] Eigentlich kreist das gesamte Werk Rudolf Steiners um das Anliegen, uns nicht nur als geistiges

159 Z. B. Goodwin, B. (1994): How the Leopard Changed its Spots. New York.
160 Steiner, R. (1976): Die Anthroposophie und das menschliche Gemüt. Betrachtungen über die Michael-Idee und ihre wahre Gestalt und über die Wiederbelebung des Michael-Festes. Vier Vorträge in Wien vom 27. September bis zum 1. Oktober 1923. Hier der 4. Vortrag S. 67 ff.

Glied unserer Umwelt und diese als innig verwoben in unsere Existenz zu verstehen, sondern diese unmittelbare Umwelt ihrerseits als mit der sie umgebenden, letztlich kosmischen Umwelt *erkennen* zu können – uns also zu wirklichen „Bürgern des Kosmos" werden zu lassen.

Derartige Universaltheorien sind unter anderem von Jean-Francois Lyotard als „große Erzählungen" kritisiert worden; der französische Philosoph hatte dabei nicht Steiner, sondern Systemdenker wie Marx, Hegel, Kant, die Aufklärung, auch Habermas im Blick.[161] An die Stelle solcher Welterklärungen tritt heute, so Lyotard, eher eine Vielzahl miteinander konkurrierender Diskurse. Diese Kritik ist zwar ihrerseits aus verschiedenen sozialwissenschaftlichen und philosophischen Perspektiven kritisiert worden, aber der Zweifel an derartigen Theorien, die das Weltgeschehen erklären zu können vorgeben, ist heute sicher wissenschaftlicher Standard. Man könnte sich in dieser Hinsicht sogar zurückbegeben in die Konjunkturzeiten des Existenzialismus in den 1960er Jahren und die Menschen als in sinnlose Existenzen „geworfene" Wesen ansehen, die sich ohne jede Wegleitung ihren Weg durchs Leben bahnen müssen. „Liebe Seele, trachte nicht nach dem ewigen Leben, sondern schöpfe das Mögliche aus", zitiert Albert Camus, dies als Motto wählend, aus der dritten pythischen Ode Pindars.[162] Und Jean-Paul Sartre schrieb in einem Essay zur Frage, ob der Existenzialismus als Humanismus zu bezeichnen ist, dass der Mensch überhaupt nicht definierbar sei, „weil er anfangs überhaupt nichts ist. Er wird erst in der weiteren Folge sein, und er wird so sein, wie er sich geschaffen haben wird. Also gibt es keine menschliche Natur, da es keinen Gott gibt, um sie zu entwerfen … Der Mensch ist nichts anderes als wozu er sich macht."[163] Anthroposophen könnten zwar einwenden, dass der sich selber schaffende Mensch

161 Lyotard, J.-F. (1986): Das postmoderne Wissen. Wien.
162 Camus, A. (1959): Der Mythos von Sisyphos. Reinbek.
163 Sartre, J.-P. (1961): Drei Essays. Berlin, S. 11.

auch ein Ideal Steiners ist – aber im Existenzialismus gibt es keine geistige Welt, keine die Weltgeschicke lenkenden geistigen Mächte.

Andererseits zeigt eine genaue Beobachtung der *Strukturen* zeitgenössischer wissenschaftlicher Theorien, dass ein Bedürfnis nach umfassenderen Mustern der Welterklärung durchaus besteht. Hinzuweisen ist hier nicht nur auf die (bisher unerfüllte) Bestrebung z. B. von Physikern oder Astronomen, „Weltformeln" für das Entstehen von Materie und Leben, für die Ursprünge des Universums zu finden. Insbesondere von „Systemdenkern" (die alles vom System Abweichende, Individuelle, Singuläre, Widerspenstige niedertreten oder übersehen) aus der Soziologie werden immer wieder Scheinerklärungen komplexer gesellschaftlicher Zusammenhänge angeboten, häufig als Bestseller etabliert, unter Titeln wie „Die Risikogesellschaft", „Die Generation X", „Die Millenials" oder „Die hedonistische Gesellschaft". Das verrät eine gewisse Sehnsucht nach den totgesagten „großen Erzählungen". Dieser Sehnsucht scheinen auch Motive zugrunde zu liegen, die aus einer Eigenart unseres Erkenntnisvermögens hervorgehen. Es geht dabei um die von Immanuel Kant so genannte *reflektierende Urteilskraft.*[164]

Wenn wir uns fragen, warum wir eine gewisse Befriedigung verspüren, wenn unser Verstand entdeckt, wie alles mit allem zusammenhängt, gibt dieser Begriff Kants einen Fingerzeig. Denn wo immer ein Phänomen der Erklärung bedarf, ist unsere reflexive Tätigkeit darauf gerichtet, eine schlüssige Deutung des Phänomens zu finden, um es zu *verstehen.* So mögen wir beispielsweise über kindliche Sätze wie „Ich habe ausgetrinkt", „Ich habe gesitzt" nachdenken, weil wir uns deren eigenartige grammatische Form nicht erklären können: Sind es Sprachschwächen, Unvollkommenheiten, altersgemäße Redeformen, die sich hier äußern? Was sagen sie über das kindliche Denken aus? Wir erwarten, wenn wir darüber nach-

---

164 Kant, I. (1930/1790): Kritik der Urteilskraft, Einleitung IV: Von der Urteilskraft als einem a priori gesetzgebenden Vermögen, S. 25 ff.

denken und forschen, kein Chaos von Antworten, sondern ein verstehbares, die Vielfalt solcher Sprachäußerungen gleichermaßen erklärendes Prinzip (wie es dann beispielsweise in der in sich stimmigen sprachwissenschaftlichen Konzeption einer typischen „Kindergrammatik“ gesehen wurde).

Wenn man etwas genauer über solche Erkenntnisbestrebungen nachdenkt, dann ergibt sich *in theoretischer Hinsicht* die Forderung eines immer weitere Erkenntnisbereiche einbeziehenden *Weiterfragens*. Während wir zunächst, um beim Beispiel der Kindersprache zu bleiben, nur die Anlagen und den kleinen familialen Umkreis des Kindes im Blick haben, die für die Sprachentwicklung und seine Besonderheiten maßgebend zu sein scheinen, sind beim Weiterdenken rasch die weiteren Bezugspersonen, medialen Sozialisationseinflüsse, Spielpartnerinnen und -partner im Blick. Aber die Sprachentwicklung ist darüber hinaus *nicht unabhängig* von der Sprachgemeinschaft, vom gesellschaftlichen Sozialisationsmilieu des Kindes zu denken, so dass man hier von mikrosozialen zu makrosozialen Konstellationen weiterschreitet. Gegenüber der Individualpsychologie mahnen Soziologie und Kulturwissenschaft diesen weiteren Blick an, da man sonst nicht zu einer wirklich umfassenden Erklärung des Spracherwerbs kommen kann. Aber die Kultur wiederum ist nicht unabhängig zu denken von ihren geografischen, klimatischen oder geologischen, von den historischen und anthropologischen Bedingungen. – Ich will es kurz machen: Wir können von den reflektierenden Urteilen über Bedingungen der Sprachbildung nicht zu bestimmenden Urteilen übergehen, wenn wir diese Kreise des zu Berücksichtigenden nicht immer weiter ausdehnen. So kämen wir über die wissenschaftlich nachweisbaren Einflüsse der näheren kosmischen Umgebung, also der Sonne, des Mondes, der Planeten, beispielsweise auf das rhythmische Empfinden der Menschen beim Sprechen auch in solche die Erde überschreitenden Erkenntnisbereiche herein.

Es hat keine epistemischen, keine erkenntnistheoretischen Gründe, dass wir auf diese Weise nicht immer weitergehende Fragen stellen, das Weiterfragen ist für uns vielmehr praktisch nicht mehr leistbar und vielleicht auch allzu unbequem. Wir brechen diesen Prozess der immer umfassenderen Erklärung aus pragmatischen Gründen zumeist wohl unbewusst ab. So sehr die komplexen Visionen Steiners einer kosmischen Welt, in der alles mit allem zusammenhängt, erstaunen mögen, so sehr sind sie auch Bild für ein konsequentes Erkenntnisstreben, für eine epistemologische Figur der wissenschaftlichen Moderne, die von hoher Rationalität zeugt.

Es ist vor einem solchen Hintergrund bedenkenswert, dass Rudolf Steiner dieser für uns wohl unerfüllbaren erkenntnistheoretischen Sehnsucht in seiner „großen Erzählung" einen umfassenden und geistvollen, aber auch sehr konkreten, häufig fast materiell anmutenden Ausdruck verliehen hat. Der amerikanische Schriftsteller Saul Bellow erblickte in Steiners Schriften „eine gewaltige poetische Vision, ebenso groß und eigenartig wie die Swedenborgs. Das ist ein überwältigendes Gedicht ...".[165] Aber es ist auch darauf aufmerksam zu machen, dass mit dieser für heutige Menschen wohl zumeist *esoterischen Welt* der kosmischen Geister, der Engel, der Elementargeister, des Kontaktes mit den unsterblichen Seelen der Verstorbenen, der Äther- und Astralkörper, all dieser Gestalten geisteswissenschaftlicher Forschung, ein *exoterischer Humanismus* verbunden ist. So mögen z. B. die ziemlich neuartigen Deutungen des Christentums durch Rudolf Steiner, die seiner Geistesforschung entstammen, mitunter fremdartig anmuten. Aber mit Blick auf die Frage, wie man ein neues Verständnis des Christentums jenseits von Konfessionen und Glaubenspostulaten finden kann, führt er durchaus exoterisch an einem Beispiel aus:[166] Ich soll „nicht nur Interesse entwickeln für dasjenige, was ich selber denke, was ich

---

165 Zitiert in: Kugler, W. (Hrsg.) (2008): Rudolf Steiner. wie manche ihn sehen und andere wahrnehmen. Stuttgart, S. 109.

166 Steiner, R. (1989): Der innere Aspekt des sozialen Rätsels. Luziferische Vergangenheit und Ahrimanische Zukunft. Zehn Vorträge in verschiedenen Städten vom 4. Februar bis zum 4. November 1919; hier der Vortrag vom 11. Februar.

selber für richtig halte, sondern dass ich selbstloses Interesse entwickle für alles, was Menschen meinen und was an mich herantritt, und wenn ich es noch so sehr für Irrtum halte. Je mehr der Mensch auf seine eigenen eigensinnigen Meinungen pocht und sich nur für diese interessiert, desto mehr entfernt er sich in diesem Augenblicke der Weltentwicklung von dem Christus. Je mehr der Mensch soziales Interesse entwickelt für des anderen Menschen Meinungen, auch wenn er sie für Irrtümer hält, je mehr der Mensch seine eigenen Gedanken beleuchtet durch die Meinungen der anderen, je mehr er hinstellt neben seine eigenen Gedanken, die er vielleicht für Wahrheiten hält, jene, welche andere entwickeln, die er für Irrtümer hält, aber sich dennoch dafür interessiert, desto mehr erfühlt er im Innersten seiner Seele ein Christus-Wort, das heute im Sinne der neueren Christus-Sprache gedeutet werden muss. Der Christus hat gesagt: ‚Was ihr einem der geringsten meiner Brüder tut, das habt ihr mir getan'."

Die Verhältnisse der geistigen Welt, so könnte man resümieren, zeigen Strukturen der individuellen und gesellschaftlichen Entwicklung, die in gegenwärtigen progressiven Diskursen gefordert oder auch nur beschworen werden. In dieser Geisterwelt herrschen keine kapitalistisch-neoliberalen Mächte; die Schulen, Altenheime und Krankenhäuser sind nicht durch technokratische Imperative beherrscht; die Natur wird nicht aus bloß utilitaristischen Perspektiven ihrer gnadenlosen Ausbeutung, sondern als geschwisterliche Interaktionspartnerin betrachtet und behandelt; die Denk- und Handlungsformen des Wirtschaftslebens dominieren nicht das Geistes- und Rechtsleben; die Menschen versuchen, ihr eigenes Glück nicht auf Kosten anderer zu erlangen; sie versuchen, unsere Umwelt so zu gestalten, dass sie auch ästhetischen Bedürfnissen entgegenkommt; es herrscht eine Kultur der Achtsamkeit für die Bedürfnisse anderer Menschen vor – um hier nur wenige Beispiele zu nennen, die diese größere exoterische und moderne Welt kennzeichnen. Es ist wohl für viele an der Anthroposophie interessierte Menschen faszinierend, wie es Rudolf Steiner gelingt, diese Maximen und Lebensformen nicht als abstrakten Katalog ethischer, epistemischer und ästhetischer Visionen zu präsentieren, sondern stimmig und auch für unser Gemüt eindringlich in dieser seiner „großen Erzählung" vorzuführen. *Insofern* bilden exoterische und esoterische Erscheinungsform der Anthroposophie nun doch in einem gewissen Sinn eine untrennbare Einheit.

Wenn man von dieser theoretischen Position aus noch einmal auf die eingangs zitierte Forderung zurückblickt, die Waldorfpädagogik möge sich von ihrem „Guru" Rudolf Steiner lösen und Anschluss an die moderne Wissenschaft suchen, dann ist zu antworten: Das ist so, wie es gedacht wird, weder in der Pädagogik noch in anderen Praxisfeldern der Anthroposophie sinnvoll. Denn eine solche Verabschiedung würde auch die wegweisenden Subtexte und künstlerischen Botschaften aus dem Blickfeld rücken. Allerdings könnten Sympathisantinnen und Sympathisanten Steiners diese eben charakterisierte *Erzählung* als Bild einer Moderne auffassen, die es so noch nicht gibt und vielleicht auch nur als regulative Idee geben kann. *Rudolf Steiner* allerdings könnte nicht die gleiche poetologische Perspektive einnehmen, denn ein solches Bild der Welt *muss von ihm* als *Tatsache* erlebt werden, sonst wäre es nicht glaubwürdig zu vermitteln. Das macht deutlich, wie schwierig eine anspruchsvolle Reflexion der Mission und Wirkung Rudolf Steiners ist und welche neuartigen Aufgaben sich einer zukünftigen gemeinschaftsbildenden anthroposophischen Selbstbesinnung stellen.

Schriftenreihe Kontext im Info3 Verlag

Kontext Band 1
Anthroposophie und die Rassismusvorwürfe
Der Bericht der niederländischen Untersuchungskommission
4. Auflage 2006, ISBN 9-783-924391-24-9

Kontext Band 2
Jens Heisterkamp (Hrsg.)
Geist und Gehirn
Beiträge zu einem monistischen Verständnis
1. Auflage 1999, ISBN 978-3-94391-25-6

Kontext Band 3
Nicanor Perlas
Die Globalisierung gestalten
Zivilgesellschaft, Kulturkraft und Dreigliederung
1. Auflage 2000, ISBN 978-3-924391-26-3

Kontext Band 4
Roland Benedikter
Zeitgeist-Symptome
Zwei Essays
1. Auflage 2000, ISBN 978-3-924391-27-0

Kontext Band 5
Jens Heisterkamp (Hrsg.)
Die Jahrhundertillusion
Wilsons Selbstbestimmungsrecht der Völker, Steiners Kritik
und die Frage der nationalen Minderheiten heute
1. Auflage 2002, ISBN 978-3-924391-28-7

Kontext Band 8
Marianne Carolus
Wie Schicksal spricht
Menschenkundliche Studien zur Reinkarnationstherapie
1. Auflage 2006, ISBN 978-3-924391-31-7

Kontext Band 9
Annegret Camps, Brigitte Hagenhoff, Ada van der Star
Pflegemodell „Schöpferisch pflegen"
Anthroposophie in der Praxis
2. Auflage 2013, ISBN 978-3-924391-32-4

Kontext Band 10
Michael Habecker
Ken Wilber – die inregrale (R)EVOLUTION
Einführung in Theorie und Praxis
eines neuen spirituellen Ansatzes
2. Auflage 2007, ISBN 978-3-924391-35-5

Kontext Band 11
Christian Grauer
Am Anfang war die Unterscheidung
Der ontologische Monismus. Eine Theorie des Bewusstseins
mit Anschluss an Kant, Steiner, Husserl und Luhmann
2. Auflage 2013, ISBN 978-3-924391-37-9

Kontext Band 12
Ralf Sonnenberg (Hrsg.)
Anthroposophie und Judentum
Perspektiven einer Beziehung
1. Auflage 2009, ISBN 978-3-924391-43-0

Kontext Band 13
Ansgar Martins
Rassismus und Geschichtsmetaphysik
Esoterischer Darwinismus und Freiheitsphilosophie
bei Rudolf Steiner
1. Auflage 2012, ISBN 978-3-924391-63-8

Kontext Band 14
Ramon Brüll, Jens Heisterkamp
Rudolf Steiner und das Thema Rassismus
Frankfurter Memorandum
4. Auflage 2021, ISBN 978-3-95779-092-7

Kontext Band 15
Peter Krause
Leben in der Todesnähe
Rudolf Steiners Darstellungen zu Sterbeprozess und Tod
des Menschen in Zusammenhang mit den Erkenntnissen
der Humanmedizin
1. Auflage 2019, ISBN 978-3-95779-100-9

Kontext Band 16
Benjamin Brockhaus
Transformative Unternehmensführung
und ihre geistigen Grundlagen
Die Bewusstseinshaltung zukunftsfähiger Organisationen
1. Auflage 2019, ISBN 978-3-95779-102-3

Kontext Band 18
Christian Boettger (Hg.)
Waldorfpädagogik und Hochbegabung
Fragen | Methoden | Anregungen
1. Auflage 2022, ISBN 978-3-95779-173-3

Weitere Titel im Info3 Verlag

Eine Auswahl

Kontext Band 17

Jost Schieren (Hrsg.)

Die philosophischen Quellen der Anthroposophie

Eine Vorlesungsreihe an der Alanus-Hochschule

1. Auflage 2022, ISBN 978-3-95779-157-3

(auch als eBook)

Steiner im Kontext der Geistesgeschichte

Rudolf Steiner und seine Anthroposophie stehen in der öffentlichen Wahrnehmung als solitäre Phänomene da. Der abgeschlossen erscheinende Kosmos seines Werkes macht es für Nachfolger und Kritiker gleichermaßen zu einem exklusiven Bezugspunkt. Dabei hat Steiner selbst zahlreiche Bezüge und Brückenschläge zu vorwiegend abendländischen Denktraditionen geschaffen. Sowohl philosophiegeschichtlich als auch bis in Steiners eigene Gegenwart hinein lassen sich breite und fruchtbare Diskussionslinien finden, auf die die Anthroposophie bezogen werden

www.info3.de

Wolfgang Müller

Zumutung Anthroposophie

Rudolf Steiners Bedeutung für die Gegenwart

3. Auflage 2022, 192 Seiten, Klappenbroschur, **€ 14,90**

ISBN 978-3-95779-143-6

(auch als eBook)

Eine unvermeidliche Zumutung

Dieses Buch will im Aufgreifen von Kritik an Steiner zeigen, wie es sich bei der Anthroposophie um einen Ansatz handelt, der tatsächlich für die naturwissenschaftlich geprägte Gegenwart zunächst schwer zugänglich ist. Der Anspruch, eine elementar neue und geistig vertiefte Interpretation der Dinge zu entwickeln, erscheint als Zumutung, die gleichwohl unvermeidlich ist, wenn sich am krisenhaften Zustand unserer Welt etwas grundlegend ändern soll.

www.info3.de

Ulrich Kaiser

Der Erzähler Rudolf Steiner

Studien zur Hermeneutik der Anthroposophie

1. Auflage 2020, 280 Seiten, Klappenbroschur, **€ 22,00**

ISBN 978-3-95779-111-5

(auch als eBook)

„Ich lehre nicht, ich erzähle"

Viele von Rudolf Steiner vermittelte Inhalte sind nicht im naturalistisch-wissenschaftlichen Sinne nachprüfbar. Für seine Anhänger wirken sie glaubhaft, weil sie von der Glaubwürdigkeit ihres Urhebers überzeugt sind, für seine Kritiker bieten sie Anlass zu grundlegender Skepsis. Hier schlägt Ulrich Kaiser einen neuen Weg ein. Er löst Steiner aus dem beengenden Vergleichsrahmen der Wissenschaft heraus und will ihn als Erzähler verstehen – im eines freilassenden und authentischen Verstehens-Angebots, das sich in der Lebenspraxis bewahrheiten mag.

www.info3.de

Mathias Wais
Ach Du liebe Anthropophie
Briefe an eine Freundin
INFO3 VERLAG

Info3 Verlag
Kirchgartenstr. 1, 60439 Frankfurt
Tel. 069-58 46 47, E-Mail: vertrieb@info3.de
Webshop: www.info3.de